FUOCH CHI 'RIOED YN MORIO?

Glywsoch chi sôn am le o'r enw Cwm-Rhyd-y-Rhosyn? Dyna i chi le bendigedig! Wyddoch chi lle mae o? Hanner ffordd rhwng Pen Llŷn a Chaerdydd, ddim ymhell o Fro Afallon - beth am fynd yno gyda'n gilydd? Iawn te - ffwrdd â ni! Ond cofiwch un peth: mae'n rhaid i chi ganu drwy'r amser, oherwydd mae plant Cwm-Rhyd-y-Rhosyn wrth eu bodd yn canu.

1

Fuoch Chi 'Rioed yn Morio?

Fuoch chi 'rioed yn morio?
Wel do, mewn padell ffrio,
Chwythodd y gwynt fi i'r Eil o Man
A dyna lle bûm i'n crio.

Fuoch chi 'rioed yn hedfan?
Wel do, ar gaead sosban,
Chwythodd y gwynt fi i ben draw'r byd
Rwyf yno o hyd fy hunan.

Fuoch chi 'rioed yn cerdded?
Wel do, a'm traed mewn basged,
Chwythodd y gwynt fi i'r Felin Wen
A'm mhen i ar i waered.

Fuoch chi 'rioed yn hela?
Wel do, ar groen banana,
Chwythodd y gwynt fi i ganol y baw
Tu draw i Lyn y Bala.

Mae'n siŵr eich bod wedi clywed am y ddau gi bach a aeth am dro i'r coed? Wel, yng Nghwm-Rhyd-y-Rhosyn maen nhw'n byw, ac mae cŵn bach y Cwm i gyd yn gwisgo sgidie newydd wrth fynd am dro.

Dau Gi Bach

Dau gi bach yn mynd i'r coed
Esgid newydd am bob troed,
Dau gi bach yn dŵad adre
Wedi colli un o'i sgidie,
Dau gi bach.

Dau gi bach yn mynd i'r coed
Dan droi fferau, dan droi troed,
Dŵad adre hyd y pylle
Blawd ac eisin hyd eu coese,
Dau gi bach.

CWM-RHYD-Y-RHOSYN

CWM-RHYD-Y-RHOSYN

© Cyhoeddiadau Sain
Cyhoeddwyd gyda chymorth ariannol
Cyngor Llyfrau Cymru
Argraffiad cyntaf: Gorffennaf 2012

Stori: Dafydd Iwan
Golygydd y gerddoriaeth: Gwenan Gibbard
Darluniau: Cen Williams

ISBN 978-0-907551-26-3

CANOLFAN SAIN, LLANDWROG, CAERNARFON, GWYNEDD LL54 5TG
ffôn/tel +44 (0) 1286 831.111   ffacs/fax +44 (0) 1286 831.497
www.sainwales.com   cyhoeddiadau@sainwales.com

Mae pob math o anifeiliaid yn byw yng Nghwm-Rhyd-y-Rhosyn, ac mae rhai ohonyn nhw yn rhai digri iawn - dyna i chi Jac y Do er enghraifft, a'r Ceiliog Dandi-do, a'r hen fwnci bach yna o Lŷn, a'r mochyn bach - a dyna i chi fochyn bach digri yw hwnnw te!

Mi Welais Jac y Do

Mi welais Jac y Do yn eistedd ar y to,
Het wen ar ei ben, a dwy goes bren
Ho ho ho ho ho ho!

Mi welais iâr fach yr ha'
Yn mynd i werthu ffa,
Fe'u gwerthodd yn rhes ond collodd y pres
Ha ha ha ha ha ha!

Hen Geiliog Dandi-do a redodd i'r cwt glo,
Fe welodd gi mawr, a gwaeddodd fel cawr
Go go go go go go!

Hen fwnci bach o Lŷn a aeth i dynnu'i lun,
Edrychodd yn syn a chwerthin fel hyn
Hi hi hi hi hi hi!

Aeth mochyn bach i'r dre i chwilio am bwys o de,
Fe welodd ful bach yn rowlio mewn sach
He he he he he he!

Draw ym mhen pella'r Cwm mae coedwig fawr lle mae pob math o bethau i'w gweld, a phob math o bethau i'w gwneud. Mae yno goed mawr tal, a choed bychan - coed derw a ffawydd, coed masarn a chyll, a choed helyg. Hwn yw'r lle gorau o ddigon i chwarae cuddio, ac i ddringo wrth gwrs. Mae 'na flodau di-ri yn tyfu o dan y coed, ac mae'r adar mor niferus â'r dail bron, a phob un ohonyn nhw'n gantorion o fri. Yn y goedwig hon y collodd y ci bach yna ei esgid. Beth am fynd draw yno? Efallai y down ni o hyd iddi. Pwy a ŵyr?

3

Tyrd am Dro i'r Coed

Tyrd am dro i weld nyth-od y brain___

darn-au bach___ o wlân ar y drain,___

gweld y wi-wer a'i chlust-iau bach main___

awn am dro___ i'r coed.___

Cytgan

Tyrd, tyrd, tyrd i'r coed,_ Tyrd am dro___ i'r coed._

___ Tyrd, tyrd, tyrd am dro,___

Tyrd am dro___ i'r coed.___

Cawn wrando ar drydar yr adar i gyd
A chlywed straeon o bedwar ban byd,
Bydd stori newydd i'w chlywed o hyd
Os awn am dro i'r coed.

Cytgan: Tyrd, tyrd…

Cawn holi beth yw oedran yr hen dderwen fawr
A dringo i'w brigau a theimlo fel cawr,
Ac yna ras am y cyntaf i lawr
Pan awn am dro i'r coed.

Cytgan: Tyrd, tyrd…

Cawn wrando ar yr awel ym mrigau y coed
A chlywed caneuon na chlywsom erioed,
Cawn weled cariadon yn cadw yr oed
Pan awn am dro i'r coed.

Cytgan: Tyrd, tyrd…

Dyma ni – yng nghanol y goedwig fawr. Welwch chi be' sy draw fancw? Brenin y goedwig – na, nid llew, does dim llewod yng Nghwm-Rhyd-y-Rhosyn! Na, welwch chi o'n eistedd ar frigyn ucha'r dderwen fawr?

Dyna Ti yn Eistedd y Deryn Du (Tôn Gron)

Dyna ti yn eistedd y deryn du
Brenin y goedwig fawr wyt ti
Cân, dere deryn, cân
Dere deryn, dyna un hardd wyt ti!

(ac yn y blaen)

Un o'r anifeiliaid prydferthaf sydd i'w gweld yn y goedwig yw'r wiwer fach goch, gyda'i chynffon fawr flewog. Tybed welwn ni hi? Arhoswch! Ie, dacw hi - yn neidio o frigyn i frigyn, ac o un goeden i goeden arall, mor ysgafn â phluen eira.

Wiwer Fach Goch

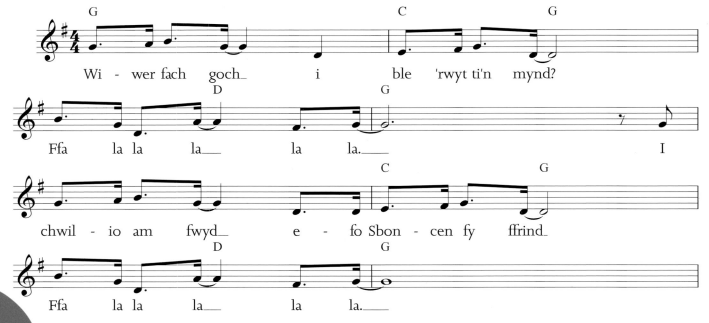

Wi - wer fach goch_ i ble 'rwyt ti'n mynd?

Ffa la la la_ la la._ I

chwil - io am fwyd_ e - fo Sbon - cen fy ffrind_

Ffa la la la_ la la._

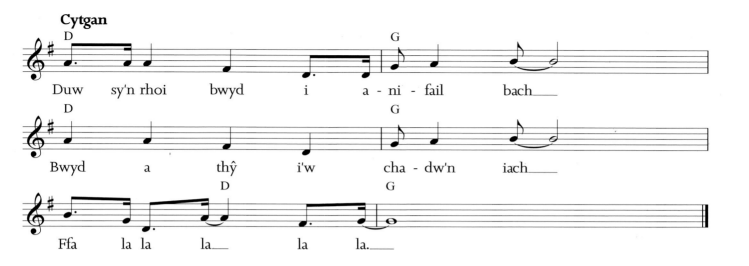

Cytgan

Duw sy'n rhoi bwyd i a - ni - fail bach____

Bwyd a thŷ i'w cha - dw'n iach____

Ffa la la la____ la la.____

Wiwer fach goch
I ble 'rwyt ti'n mynd?
Ffa la la la la la
I chwilio am gnau
Efo Sboncen fy ffrind
Ffa la la la la la

Cytgan: Duw sy'n rhoi bwyd..

Wiwer fach goch
O ble cei di'r cnau?
Ffa la la la la la
Mae digon ar gangen yng ngwaelod y cae
Ffa la la la la la

Cytgan: Duw sy'n rhoi bwyd..

Wiwer fach goch
Pwy roddodd i ti
Ffa la la la la la
Ffrwythau i'w casglu
Cyn y gaeaf du?
Ffa la la la la la

Cytgan: Duw sy'n rhoi bwyd..

7

Os byddwn ni'n lwcus, efallai y gwelwn ni Dderyn y Bwn, - mae o'n dod i'r goedwig yma weithiau, ond yn y mynyddoedd mae o'n byw – y Bannau uchel uwchben Cwm-Rhyd-y-Rhosyn. Dyna pam maen nhw'n galw "Deryn y Bwn o'r Banna' " arno fo. Deryn digri iawn ydy hwn - glywsoch chi ei hanes o'n gwerthu fala'?

Deryn y Bwn o'r Banna'

Deryn y Bwn o'r Banna'
Aeth i rodio'r gwylia',
Lle disgynnodd o?
Ar ei ben, ar ei ben,
Bwm, bwm, bwm, bwm
Ond i bwn o fala'!

Deryn y Bwn a gododd
Y fala i gyd a gariodd
Dros y Banna' i farchnad Caer,
i farchnad Caer,
Bwm, bwm, bwm, bwm
Ac yno'n daer fe'i gwerthodd!

Fala' fala' filoedd
Fala' melyn laweroedd,
Y plant yn gweiddi am fala'n groch,
fala'n groch,
Bwm, bwm, bwm, bwm
Rhoi dima' goch am gannoedd.

Deryn y Bwn aeth adra'
Yn ôl dros ben y Banna',
Gwaeddai "Meistres,
o gwelwch y pres, gwelwch y pres,
Bwm, bwm, bwm, bwm
A ges i wrth werthu fala'."

Cefnder i Aderyn y Bwn yw Twm Siôn Jac yr hwyaden, ac nid hwyaden gyffredin mo Twm, - o na, mae Twm yn forwr, yn forwr go iawn, yn fwy na hynny, mae o'n gapten ar ei long ei hun, ac mi ddylech chi weld ei long o. Llong o aur pur gyda hwyliau o sidan sydd mor wyn â'r eira. Mae'n werth ei gweld, yn enwedig pan fydd hi'n torri drwy'r tonnau, nes bod yr ewyn yn tasgu, a'r gwynt yn llond ei hwyliau. Mae Twm Siôn Jac wedi bod yn forwr ers ei fod yn hwyaden fach iawn, ac wedi hwylio rownd y byd sawl gwaith, ac wedi rowndio'r Horn ddeg o weithiau, yn cario pob math o ffrwythau a bwydydd o un wlad i'r llall.

Ond mae Twm wrth ei fodd yn cael dod yn ôl i Gymru, a chael hwylio'n hamddenol braf o gwmpas glannau Sir Fôn a Sir Gaernarfon, ac i lawr i Fae Aberteifi. A phan ddaw'r cyfle i ddod i'r tir mi fydd bob amser yn dod i edrych am Aderyn y Bwn, a Jac y Do, y Deryn Du a'r Ceiliog Dandi-do, a'i ffrindiau i gyd yng Nghwm-Rhyd-y-Rhosyn. A chyn bo hir, mi fydd yn gadael y môr am y tro ola', ac yn dod i ofalu am gwch plant y Cwm ar Lyn y Felin.

Nawr te! Beth am i ni ganu cân Twm Siôn Jac gyda'n gilydd; ydych chi i gyd yn barod?

Mi Welais Long yn Hwylio

Mi wel - ais long yn hwyl - io Yn

hwyl - io ar y lli, Ac

O! roedd hon yn llawn ym - ron O

beth - au tlws i mi, Roedd

yn - ddi fa - lau coch - ion A

stoc o eir - in mair, Ei

hwyl - iau oedd o si - dan gwyn A'r

llong ei hun o aur.

Nawr beth am fynd allan o'r goedwig yma, draw i gyfeiriad y ddôl? Ew, dyna i chi le braf i chwarae sydd yn fanno! I ffwrdd â ni te, am y cynta! Ond ust! Be' sy'n gorwedd draw fancw? Mae'n debyg iawn i...ie, y llwynog coch sydd yno, yn cysgu'n braf yn yr haul.

Mi Welais Long yn Hwylio

Mi welais long yn hwylio
Yn hwylio ar y lli,
Ac O! roedd hon yn llawn ymron
O bethau tlws i mi,
Hwyaden oedd y capten
O'r enw Twm Siôn Jac,
A phan symudai'r llong drwy'r dŵr
Fe ganai "Cwac, cwac, cwac!"

Mi welais long yn hwylio
Yn hwylio ar y lli,
Ac O! roedd hon yn llawn ymron
O bethau tlws i mi,
Fe hwyliodd o Gaernarfon
Draw am Abersoch,
Y gwynt yn llenwi'r hwyliau gwyn
A'r criw yn canu'n groch.

Llwynog Coch Sy'n Cysgu

Llwynog Coch sy'n cysgu,
Llwynog Coch sy'n cysgu,
Llwynog Coch sy'n cysgu,
Ar y ddôl.

Pwy ddaw yno i weled?
Pwy ddaw yno i weled?
Pwy ddaw yno i weled?
Ar y ddôl.

Pwy ddaw yno i bigo?
Pwy ddaw yno i bigo?
Pwy ddaw yno i bigo?
Ar y ddôl.

Llwynog Coch sy'n deffro,
Llwynog Coch sy'n deffro,
Llwynog Coch sy'n deffro,
Ar y ddôl.

Dim ond un siop sydd yng Nghwm-Rhyd-y-Rhosyn, ac mae honno'n gwerthu pob peth bron, ond pan fydd Mam am brynu rhywbeth allan o'r cyffredin, mi fydd hi'n mynd ar y gaseg wen, dros fryn a dôl, i'r dre'. A'r diwrnod o'r blaen, aeth Mam i'r dre' i 'nôl rhywbeth neis i ni gyd i de, - i Bil ac i Sil, i'r gath a'r ci, i Ben y gwas bach, ac wrth gwrs, rhywbeth neis neis i mi!

Mynd Drot Drot

Mynd drot drot ar y gaseg wen
Mynd drot drot i'r dre',
Mami'n dod nôl dros fryn a dôl
A rhywbeth neis neis i de.

Cytgan:
Teisen i Sil, banana i Bil
A rhywbeth i'r gath a'r ci,
Afal mawr iach i Ben y gwas bach
A rhywbeth neis neis i mi.

Mynd fel y gwynt yn y car bach coch
Mynd fel y gwynt i'r dre'
Heibio'r bws a'r plismon tew
A chanu'r corn 'Hwrê'.

Cytgan:

Mynd fel y gwynt ar y beic bach glas
Padlo'n wyllt i'r dre',
Canu'r gloch a gweiddi'n groch
Ac adre erbyn te.

Cytgan:

Mynd drot drot ar y gaseg wen
Mynd drot drot i'r dre'
Mami'n dod nôl dros fryn a dôl
A rhywbeth neis neis i de.

Cytgan:

Yr amser gorau i fynd am dro yng Nghwm-Rhyd-y-Rhosyn yw'n gynnar yn y bore bach, pan fydd yr haul newydd godi, a phan fydd y gwlith fel perlau bach ar y glaswellt. Yr adeg honno bydd y blodau'n agor eu llygaid ar y dydd, yr adar yn canu cân o groeso i'r haul, a'r creaduriaid i gyd yn hapus am fod diwrnod arall wedi dechrau, - diwrnod arall i chwarae ac i ddawnsio yn yr haul, diwrnod arall o hwyl a sbort a sbri. Dyma i chi gân y bore, a chofiwch ymuno i ganu "Tw ra rw ra rwdl ai o" efo ni. Iawn?

Tw Ra Rw

Beth sydd acw, weli di hi?
Tw ra rw ra rwdl ai o.
Yn sboncio o gainc i gainc yn ffri
Tw ra rw ra rwdl ai o.
Wiwer fechan heini lon,
Awel Ebrill ddeffrodd hon,
Tw ra rw ra rwdl ai o.

Glywi di nodau'r aderyn du?
Tw ra rw ra rwdl ai o.
Mor brysur yn adeiladu ei dŷ
Tw ra rw ra rwdl ai o.
Bronfraith hithau rhwng y dail,
Haul a chwmwl bob yn ail,
Tw ra rw ra rwdl ai o.

Llygaid y dydd yn britho'r gwair
Tw ra rw ra rwdl ai o.
Cwningod yn chwarae – un, dwy, tair,
Tw ra rw ra rwdl ai o.
Brithyll y nant, defaid ac ŵyn,
Cawod yn ddiod i flagur y llwyn,
Tw ra rw ra rwdl ai o.

Pan fydd un o blant Cwm-Rhyd-y-Rhosyn am fynd am dro pell, mi fydd fel arfer yn gofyn i'r asyn i'w gario ar ei gefn. Ond heddiw does neb am fynd ymhell, felly mae'r asyn bach llwyd efo'r clustiau mawr, hir a'r llais cras, digri yn cael cyfle i orffwys a bwyta'r borfa fras, ac yn cael cyfle hefyd i weiddi 'Hi-ho! Hi-ho!' ar ei ffrindiau yn y Cwm.

Pori Mae yr Asyn (Tôn Gron)

Pori mae yr asyn ar y borfa fras
Wedi pori digon, mae yn gweiddi'n gras
"Hi-ho, hi-ho, hi-ho, hi-ho, hi-ho,
Hi-ho, hi-ho, hi-ho, hi-ho, hi-ho."
(ac yn y blaen)

Mae afon fach yn rhedeg o'r goedwig, heibio i'r ddôl ac i lawr i waelod y Cwm. Yn hon mae cannoedd o frithyllod yn byw, ac os dilynwn ni'r afon, fe ddown ni at fwthyn bach to gwellt Mari fach. Mae'r plant yn mynd yno'n aml i chwarae yn y berllan y tu ôl i'r tŷ lle mae Mari'n cadw ieir, ieir sy'n dodwy wyau brown braf. Gofynnodd Mari i un o'r plant un tro oedd ganddo iâr. "Oes", meddai'r bachgen, "mae gen i iâr a cheiliog, a llawer o bethau eraill", yn union fel sydd gan y bachgen yn y gân yma.

Mae Gen i Dŷ Cysurus

Mae gen i dŷ cysurus
A melin newydd sbon
A thair o wartheg blithion
Yn pori ar y fron.

Cytgan:
Weli di, weli di, Mari fach,
Weli di, weli di, Mari fach,
Weli di Mari annwyl.

Mae gen i drol a cheffyl
A merlyn bychan twt
A deg o ddefaid tewion
A mochyn yn y cwt.

Cytgan:

Mae gen i gwpwrdd cornel
Yn llawn o lestri te
A dresal yn y gegin
A phopeth yn ei le.

Cytgan:

Mae gen i iâr a cheiliog
A brynais ar ddydd Iau
Mae'r iâr yn dodwy ŵy bob dydd
A'r ceiliog yn dodwy dau!

Cytgan:

Fe awn ni lawr at y bwthyn i weld os yw Mari i mewn, ac os yw hi, efallai ŷ cawn ni fynd am dro hyd y llwybr bach dela welsoch chi erioed, sy'n rhedeg wrth ymyl y tŷ. Dewch! Does dim amser i'w golli – mae yna ryfeddodau i'w gweld!

Tyrd am Dro Hyd y Llwybr Troed

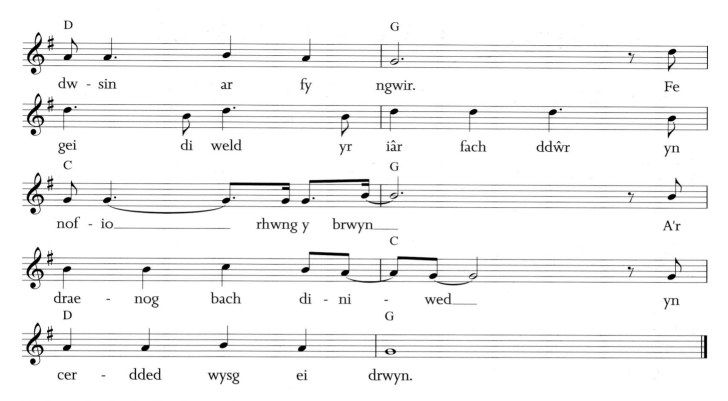

dw - sin ar fy ngwir. Fe
gei di weld yr iâr fach ddŵr yn
nof - io_____ rhwng y brwyn_____ A'r
drae - nog bach di - ni - wed____ yn
cer - dded wysg ei drwyn.

Tyrd am dro hyd y llwybr troed
sy'n cychwyn wrth dalcen y tŷ
Ac yna fe gei di weled rhyfeddodau lu.

Fe gei di weld y ddafad ddu sy'n pori ar y ddôl
A'r ebol bach yn rhedeg lawr y cae ac yn
rhedeg i fyny'n ôl.
Fe gei di weld yr adar yn cuddio rhwng y dail
A chlywed cân mwyalchen a bronfraith
bob yn ail.

Tyrd am dro hyd y llwybr troed sy'n
cychwyn wrth dalcen y tŷ
Ac yna fe gei di weled rhyfeddodau lu.

Fe gei di wneud teisennau o bridd y dorlan draw
A'u gosod dan wreiddiau'r dderwen i'w cadw
rhag y glaw,
Fe gawn ni redeg rasus o lan yr afon i'r
llwyni cnau
Fydd neb yn gwybod dim am hyn –
neb ond ni ein dau!

Tyrd am dro hyd y llwybr troed sy'n
cychwyn wrth dalcen y tŷ
Ac yna fe gei di weled rhyfeddodau lu.

Mi ddilynnwn ni'r afon o fwthyn Mari fach nes dod at y felin. Wrth ymyl y felin mae llyn mawr yn yr afon, ac yn Llyn y Felin mae Wil Cwac Cwac a'i ffrindiau'n byw, ac ar y llyn yma y bydd Twm Siôn Jac yn cadw'i long, ac yn edrych ar ôl cwch y plant wedi iddo adael y môr. Yn Llyn y Felin hefyd y bydd plant Cwm-Rhyd-y-Rhosyn yn nofio yn yr haf, ac yn plymio i'r dŵr fel pysgod oddi ar garreg fawr wastad sydd ar y lan.

Ac ar ôl iddyn nhw fod yn nofio, does dim byd yn well ganddyn nhw na gwrando ar yr hen felinydd yn adrodd straeon. A dyna i chi ddyn bach digri yw'r hen felinydd - un byr o gorff, gyda thrwyn main a llygaid sy'n chwerthin i gyd, ac mae ganddo fo farf fawr wen yr un fath â Siôn Corn. Wyddoch chi sut het sydd ganddo fo? Het dri-chornel, a dyma'r gân y bydd yr hen ŵr yn ei chanu. Canwch chi hi hefyd, a chofiwch adael y geiriau allan, fel hyn. Barod?

Mae Gen i Het Dri-chornel

Mae gen i het dri-chornel
Tri chornel sydd i'm het,
Ac os nad oes dri chornel
Nid honno yw fy het.

2il bennill – gadael 'het' allan

3ydd pennill – gadael 'het' a 'tri' allan

4ydd pennill – gadael 'het' a 'tri'a 'chornel' allan

5ed pennill – fel y pennill cyntaf

Ie, dyna gân yr hen felinydd. Gawsoch chi hwyl arni?
Un da yw'r hen felinydd am ddweud straeon, mae ganddo
stori am bawb sydd yn byw yn y Cwm bron, a rhai sydd yn
byw y tu allan i'r Cwm hefyd. Fedrwch chi ddim credu
pob peth mae'r hen felinydd yn ei ddweud, ond ta waeth
am hynny, dyna sy'n gwneud ei straeon o mor ddiddorol.
Un o hoff straeon y plant yw hanes rhyfedd priodas iâr fach
yr ha' a'r gleren - fel hyn mae'n mynd.

Ffwdl-da-da

Ffw-dl-da - da-da-da Ffw-dl-da - da - da-da-da Pri -

-od - odd y gle - ren hen iâr fach yr ha'

Go - fyn - nodd y gle - ren: "Wnei di

'mhrio - di i?___ O iâr fach yr ha'___ rho dy

ga - lon i mi" Ffw - dl - da - da-da - da___ Ffw-dl-da -

-da - da-da - da Pri - od - odd y gle - ren hen

iâr fach yr ha'

Atebodd hithau: "O, mi fydde hi'n neis
Cael gŵr sydd yn dipyn bach mwy o seis"

Ffwdl-da-da-da-da-da…

Dywedodd yntau: "Er fy mod i mor fach,
Mae'n serch i'n gywir a 'nghalon yn iach"

Ffwdl-da-da-da-da-da…

Aethant at y gwningen i'w priodi, do,
Ac yna am fis mêl o gwmpas y fro.

Ffwdl-da-da-da-da-da…

Mwmian y gwenyn a chyfarth y cŵn
'Chlywyd erioed y fath ddwndwr a sŵn!

Ffwdl-da-da-da-da-da…

Ar ein taith drwy'r Cwm, rydan ni wedi gweld adar o bob math, ac adar o bob lliw hefyd. Dyna i chi'r Deryn Du, y Robin Goch, y Titw Tomos Las, a'r Deryn To bach llwyd. Tybed ydach chi'n gwybod sut y cawson nhw eu cotiau o wahanol liwiau? Wel, mi gewch chi wybod yn y gân yma.

23

Mam Wnaeth Gôt i Mi

Gofynnais i'r deryn to o ble ddaeth ei gôt fach o? Dyma'r ateb ges i:
"Mam wnaeth gôt imi o ddarn o'r awyr fry pan oedd hi'n bwrw glaw."
La la la la la, la la la la la, la la la la la la
O, Mam wnaeth gôt imi o ddarn o'r awyr fry pan oedd hi'n bwrw glaw.

Gofynnais i'r deryn du o ble ddaeth lliw ei blu? Dyma'r ateb ges i:
"Mam wnaeth gôt imi o ddarn o'r awyr fry pan oedd hi'n ganol nos."
La la la la la, la la la la la, la la la la la la
O, Mam wnaeth gôt imi o ddarn o'r awyr fry pan oedd hi'n ganol nos.

Gofynnais i'r robin goch o ble gest ti gôt mor goch? Dyma'r ateb ges i:
"Mam wnaeth gôt imi o ddarn o'r awyr fry pan oedd hi'n fachlud haul."
La la la la la, la la la la la, la la la la la la
O, Mam wnaeth gôt imi o ddarn o'r awyr fry pan oedd hi'n fachlud haul.

Wel, mae hi bron yn amser i'r haul fynd i gysgu y tu ôl i'r Bannau, a bydd rhaid i ninnau fynd i'r gwely cyn bo hir. Felly, hwyl fawr i chi am y tro, a chofiwch ddod am dro i Gwm-Rhyd-y-Rhosyn eto cyn bo hir.

Hwyl fawr i chi, hwyl fawr…

Heno, Heno Hen Blant Bach

Heno, heno, hen blant bach
Heno, heno, hen blant bach
Dime, dime, dime, hen blant bach
Dime, dime, dime, hen blant bach.

Gwely, gwely, hen blant bach
Gwely, gwely, hen blant bach
Dime, dime, dime, hen blant bach
Dime, dime, dime, hen blant bach.

Cysgu, cysgu, hen blant bach
Cysgu, cysgu, hen blant bach
Dime, dime, dime, hen blant bach
Dime, dime, dime, hen blant bach.

Fory, fory, hen blant bach
Fory, fory, hen blant bach
Dime, dime, dime, hen blant bach
Dime, dime, dime, hen blant bach.

YN ÔL I GWM-RHYD-Y-RHOSYN

Helo yna! Croeso'n ôl i Gwm-Rhyd-y-Rhosyn, - y Cwm bendigedig yma sydd yn ymyl Bro Afallon a lle mae'r plant yn canu drwy'r dydd. Dewch am dro bach arall hefo ni i gwrdd â chymeriadau'r Cwm ac i glywed eu caneuon. Beth am fynd i ddechrau i'r fferm yn ymyl y coed ym mhen pella'r Cwm, fferm yr Hafod, lle mae Dewi'n byw. Ac o'r holl greaduriaid sydd ar y fferm wyddoch chi pa rai mae Dewi yn fwyaf hoff ohonyn nhw? Ie, y tair hwyaden.

Tair Hwyaden Lew

Mynd am dro i'r cae dan tŷ
Cwrdd â'r mochyn a'r gath a'r ci,
Ac un yn eu harwain ar hyd y trac,
Hi sy'n deffro'r buarth gyda'i chwac, cwac, cwac,
Hi sy'n deffro'r buarth gyda'i chwac, cwac, cwac.

Mwydyn tew yn dda ei flas
Picnic bach wrth fôn y das,
Ac un yn eu harwain ar hyd y trac,
Hi sy'n deffro'r buarth gyda'i chwac, cwac, cwac.
Hi sy'n deffro'r buarth gyda'i chwac, cwac, cwac.

Lawr aeth y dair i Lyn y Waun
Sigl-di-sigl-do, 'nôl a blaen,
Ac un yn eu harwain ar hyd y trac,
Hi sy'n deffro'r buarth gyda'i chwac, cwac, cwac,
Hi sy'n deffro'r buarth gyda'i chwac, cwac, cwac.

Mae fferm yr Hafod yn lle da i glywed y gôg, a phob blwyddyn ym misoedd Ebrill, Mai a Mehefin mae Dewi wrth ei fodd yn ceisio'i dilyn yn y coed y tu ôl i'r tŷ. Tipyn o gamp yw dod o hyd iddi, ond mae Dewi'n llwyddo bob blwyddyn, a phan ddaw hi'n amser i'r gwcw fynd i ffwrdd dros y môr mae deigryn bach yn dod i'w lygaid. Ond dydy o ddim yn drist iawn, oherwydd ei fod o'n gwybod yn iawn y daw hi'n ôl y flwyddyn nesaf.

29

Y Gwcw

Wrth ddychwel tuag adref
Mi glywais gwcw lon
Oedd newydd groesi'r moroedd
I'r ynys fechan hon.

Cytgan:
O la ci, holi a ci-ci a holi a cw-cw
Holi a ci-ci, a holi a cw-cw
Holi a ci-ci, a holi a cw-cw
Holi a ci-ci a hoi.

A chwcw gynta'r tymor
A ganai yn y coed
'Run fath â'r gwcw gyntaf
A ganodd gynta 'rioed.

Cytgan:

Mi drois yn ôl i chwilio
Y glasgoed yn y llwyn
I edrych rhwng y brigau
Ble 'roedd y deryn mwyn.

Cytgan:

Mi gerddais nes dychwelais
O dan fy medw bren
Ac yno 'roedd y gwcw
Yn canu uwch fy mhen.

Cytgan:

O! diolch iti gwcw
Ein bod ni yma'n cwrdd,
Mi sychais i fy llygaid
A'r gwcw aeth i ffwrdd.

Cytgan:

Mae na lecyn o dir glas ym mhen ucha'r goedwig lle bydd Dewi a'i ffrindiau yn chwarae'n aml yn ystod yr haf. Brest Pen Coed yw eu henw ar y llecyn yma. Ac mae'n siŵr eich bod chi wedi clywed y gân amdano. Canwch gyda ni - a chofiwch am y symudiadau, a chofiwch adael y geiriau allan yn eu tro, neu mi fydd yma le!

Brest Pen Coed

Awn am dro i Frest Pen Coed
Awn am dro i Frest Pen Coed
Dyna'r lla difyrra y bûm i ynddo 'rioed
Awn am dro i Frest Pen Coed.

Awn am dro i Frest Pen.......

Awn am dro i Frest..............

Awn am dro i ....

Awn am ---i.....................

-- -am---i................

Awn am dro i Frest Pen Coed
Awn am dro i Frest Pen Coed
Dyna'r lla difyrra' y bûm i ynddo 'rioed
Awn am dro i Frest Pen Coed.

Wrth i ni gerdded o'r coed gyda glan yr afon mi fyddwn yn mynd heibio i'r tŷ bach dela' welsoch chi erioed. Tŷ bychan twt ydy o a gardd y tu ôl iddo sy'n llawn o flodau lafant a llwyni mafon ac eirin mair. Yn y bwthyn yma mae pwten o wraig fach yn byw, a ddaeth i Gwm-Rhyd-y-Rhosyn o Ben Llŷn. Mae hi'n hapus fel y gôg, ond am un peth bach - mae hi eisiau priodi'r dyn a ddaeth o Abertawe i helpu Twm Sion Jac i hwylio cwch y plant. Ac mi ddywedodd 'na dderyn bach wrtha i y byddan nhw'n priodi cyn pen dim o dro.

Tŷ a Gardd

Tŷ a gardd ar gwr y coed
Na fu erioed ei ddelach
Dim ond eisiau gŵr bach twt
A gwraig bach bwt sydd bellach.

Cytgan:
Geneth fach o Lŷn wyf i
A thi o Abertawe
A ddoi di'n ŵr bach twt i mi
Os do' i'n wraig i tithau?

Llond yr ardd o lafant glas
A gwas i drin y blodau
Rhosys cochion ar y mur
A nodwydd ddur ac edau.

Cytgan:

Tebot arian a llestri te
Ac eitha' lle i'w dangos
Dillad crand ac ambarel
A slafio fel yr andros.

Cytgan:

32

Mi adawn ni'r tŷ bach twt am y tro a mynd dros Fryn y Rhedyn am efail Siôn y Gof. Yma y bydd plant y Cwm i gyd yn mynd â'u ceffylau i gael eu pedoli. Ac mae un o'r plant, Arwel, yn treulio'i holl amser bron ar gefn ei gaseg winau. Fflo ydy'i henw hi. A dyma i chi be ddigwyddodd un diwrnod...

Pedoli

Mynd ar gefn y gaseg, gyrru'n araf iawn,
Pedol wedi colli ar y ffordd y pnawn.
Dros y bryn i'r efail i bedoli Fflo,
Tinc a chnoc y morthwyl sydd gan Siôn y Go'.

Troi yn ôl o'r efail, pedol newydd sbon,
Fflo yn mynd ar garlam, caseg dda yw hon.
Dau yn mynd fel mellten heibio i ddrws y siop,
Sŵn pedolau'n clepian, clip-di-clip-di-clop.

Ie, lle cyfleus iawn yw'r efail, a lle difyr iawn hefyd. Mae'r plant yn mynd yno'n aml, yn enwedig yn y gaeaf, ac mi fyddan nhw'n cael rhoi help llaw i Siôn y Gof i chwythu'r tân efo'r fegin fawr. Mi fyddan nhw'n cael oriau o hwyl yn gwylio'r tân yn cochi, a gweld y gwreichion yn gawod aur wrth i Siôn daro'r haearn â'i forthwyl ar yr einion.

Migldi Magldi

Ffeind a difyr ydyw gweled
Migildi Magildi hei Now Now,
Drws yr efail yn agored
Migildi Magildi hei Now Now.
A'r go' bach â'i wyneb purddu
Migildi Magildi hei Now Now,
Yn yr efail yn prysur chwythu
Migildi Magildi hei Now Now.

Ffeind a difyr hirnos gaea'
Migildi Magildi hei Now Now,
Mynd i'r efail am y cynta'
Migildi Magildi hei Now Now.
Pan fo rhew ac eira allan
Migildi Magildi hei Now Now,
Gorau pwynt fydd wrth y pentan
Migildi Magildi hei Now Now.

Ffeind yw tinc y dur forthwylion
Migildi Magildi hei Now Now,
Dwbwl ergyd ar yr einion
Migildi Magildi hei Now Now.
Tinc, tinc, tinc ar hyd yr oriau
Migildi Magildi hei Now Now,
Un dau tri pedwar pump o nodau
Migildi Magildi hei Now Now.

Ffeind a braf yw sŵn y fegin
Migildi Magildi hei Now Now,
Gwrando chwedl, cân ac englyn
Migildi Magildi hei Now Now.
Pan fo'r cwmni yn ei afiaith
Migildi Magildi hei Now Now
Ceir hanesion lawer noswaith
Migildi Magildi hei Now Now.

Pan fydd y plant wedi dod at ei gilydd i'r efail ar noson oer yn y gaeaf mi fyddan nhw'n sôn llawer am y gwanwyn a dyddiau poeth yr haf. Weithiau mi fyddan nhw'n rhannu'r criw yn bedwar ac yn canu am fis Mehefin fel hyn, un ar ôl y llall.

Daw Hyfryd Fis Mehefin (Tôn Gron)

Daw hyfryd fis Mehefin cyn bo hir
A chlywir y gwcw'n canu'n braf yn ein tir.
Braf yn ein tir
Braf yn ein tir
Gwcw, gwcw, gwcw'n canu'n braf yn ein tir.

Daw hyfryd fis...................

(ac yn y blaen)

Ac un arall o'r caneuon y byddan nhw'n cael môr o hwyl wrth ei chanu yw'r gân ddoniol am Noa yn gyrru'r anifeiliaid i mewn i'r arch. Dyma hi!

35

I Mewn i'r Arch â Nhw

Yr e - li - ffant mawr a'r can - ga - rŵ__ I mewn i'r arch â nhw____ Ni

wel - soch e - rioed__ y fath ha - li - ba - lŵ__ I mewn i'r arch â nhw.__

Cytgan

Ri - bi - di - res,__ ri - bi - di - res,__ I mewn i'r arch â nhw.__

Ri - bi - di - res,__ ri - bi - di - res,__ I

mewn i'r arch â nhw.

Dau fustach, dau darw, dwy fuwch a dau lo, I mewn i'r arch â nhw,
A dau aligetor a dau hipopô, I mewn i'r arch â nhw.

Cytgan: Ribi-di-res, ribi-di-res...

Jiraffod melynfrown a'u gyddfau fel rhaff
I mewn i'r arch â nhw,
Yn fawr iawn eu diolch am gael bod yn saff
I mewn i'r arch â nhw.

Cytgan:

Y llygod oedd yno, un fach ac un fawr
I mewn i'r arch â nhw,
Yn cosi traed pawb drwy y tyllau'n y llawr
I mewn i'r arch â nhw.

Cytgan:

Yn ola daeth sebra mewn cot ddu a gwyn
I mewn i'r arch â nhw
A Noa'n cyhoeddi "Rhaid cau ar ôl hyn"
I mewn i'r arch â nhw.

Cytgan:

Bob blwyddyn am un diwrnod mae'r ffair yn dod i Gwm-Rhyd-y-Rhosyn, ac mae'r plant i gyd yn edrych ymlaen at y diwrnod hwnnw am eu bod yn cael pres i'w wario yn y ffair. Ac mae ffair Cwm-Rhyd-y-Rhosyn yn rhad iawn, iawn. Bydd hyd yn oed siop y Cwm, y siop honno sy'n gwerthu pob peth, yn cau ar ddiwrnod y ffair, a'r siopwr yn codi stondin fawr wrth ymyl y meri-go-rownd.

Pan aeth Gwen a Mair yno fe gawson nhw bob math o bethau gan y siopwr am ddim ond tair a dimai!

Mynd i'r Ffair

Gwen a Mair yn mynd i'r ffair i war - io tair a dim - ai,

Cein-iog i Mam a dwy gein-iog i Nhad a dim-ai inghar - iad in - nau.

Tair a dim - ai, tair a dim-ai i'w gwar-io i gyd, "O

siop - wr bach an-nwyl dy-wed-wch i mi Faint rowch chi'n far - gen hyf - ryd?"

"Buwch a cheff-yl a chath a chi A chei - liog dan - di he - fyd."

Elin bach yn mynd i'r ffair
I werthu gwair am goron,
A'i gwario hi am hances fach sidan i Mam
Mi a'i bob cam i Dreffynnon.
Hances sidan, hances sidan yn lliwiau i gyd,
Cael edau goch ac edau wen
Ac edau felen hefyd,
Bydd Mam cyn falched ohoni'i hun
Rhaid tynnu ei llun mewn munud.

Gwion bach yn mynd i'r ffair
I brynu genwair gini,
A honno 'run ffunud â genwair fy nhad
Bydd siarad trwy'r wlad amdani.
Genwair gini, genwair gini yn sgleinio i gyd,
Rhof linyn sidan ar ei hyd
Ni bydd yn y byd mo'i thebyg,
Mi ddyfyd fy Mam 'rwy'n ddigon siŵr
"Wel dyma chi ŵr bonheddig!"

Pan fydd y ffair wedi hel ei phac a mynd i ffwrdd dros y Bannau i gymoedd eraill, bydd y plant yn gwneud caneuon amdani. Ac mi fyddan nhw weithiau yn canu am ffair fawr, Ffair y Byd, sydd medden nhw yn cael ei chynnal yn Wrecsam. Ar geffyl pren y byddan nhw yn mynd i Ffair y Byd. Glywsoch chi 'rioed am geffyl pren yn medru carlamu? Naddo?

Galop Galop a Charlam

Galop galop a charlam
Dros y mynydd i Wrecsam
I brynu ieir a mochyn tew,
Galop galop a charlam.

Galop galop a charlam
I Ffair y Byd yn Wrecsam
Rhoi'r ieir a'r mochyn yn y sach,
Galop galop a charlam.

Galop galop a charlam
Ar geffyl pren o Wrecsam
A gwichian mawr nes dychryn pawb
Galop galop a charlam.

Galop galop a charlam
Adre' 'nôl o Wrecsam
A Mam yn disgwyl wrth y drws,
Galop galop a charlam
Galop galop a charlam.

Mae'n siŵr y cofiwch chi am Lyn y Felin lle mae plant y Cwm yn mynd i nofio yn yr haf. Wel, un diwrnod, be' welodd y plant yn nofio ar y llyn ond alarch gwyn a'i wddf hir, hir yn nofio'n dawel ac urddasol. Wrth gwrs 'roedd rhaid gwneud cân am hyn, ac mae'r gân yma yn sôn hefyd am yr oen bach du sy'n byw gyda'i fam ar Fryn y Rhedyn, yn sôn am flodau'r grug ar y Bannau, ac yn sôn am y baban bach mae'r plant yn mynd i'w weld o bryd i'w gilydd yn y bwthyn ar lan y llyn.

Gwelais alarch gwyn
Ar y llyn yn nofio,
Alarch balch, lluniaidd galch
Ar y llyn yn hwylio.

Clywais oenig bach
Ar y bryn yn brefu,
Oenig du, bychan cu
Ar y bryn yn crefu.

Clywais glychau heirdd
Yn y grug yn tiwnio
Glychau mwyn, hudol swyn
Yn y grug yn seinio.

Gwelais faban bach
Yn ei grud yn gwenu
Faban del, bychan ffel
Yn ei grud yn denu.

Ar Lyn y Felin mae Twm Siôn Jac yr hwyaden yn hwylio cwch y plant. Mae Twm wedi gorffen ar y môr bellach ac yn treulio'i holl amser yn y Cwm. Ond pan fyddan nhw i gyd ar y cwch bydd Twm yn adrodd straeon di-ri am y môr wrth y plant ac yn canu caneuon sy'n sôn am y lleoedd y buodd o'n hwylio iddyn nhw. A dyma un o'r caneuon hynny:

41

Ynys Sgogwm

Heibio Ynys Sgogwm o-ai-o
Llong yn hwylio'n hwyr-drwm o-ai-o
Heibio Ynys Sgomar o-ai-o
Llong yn mynd fel stemar o-ai-o

Dal i'r De-Orllewin o-ai-o
Adre bob yn dipyn o-ai-o
Pacio'n ôl i'r Gogledd o-ai-o
Adre'n syth o'r diwedd o-ai-o

Cwrs am Ynys Enlli o-ai-o
Hwylio'n syth amdani o-ai-o
Heibio ynysoedd Gwylan o-ai-o
Llanw'n mynd ar garlam o-ai-o.

Hwylio drwy Swnt Enlli o-ai-o
Llanw'n mynd fel cenlli o-ai-o
Gwynt yn deg am G'narfon o-ai-o
Wedi morio digon o-ai-o.

Mae Twm Siôn Jac yn sôn byth a hefyd am ei gyfaill Wil Amêr, hen forwr a dreuliodd lawer o'i oes ar longau'n hwylio i'r America – dyna sut cafodd o'r enw Wil Amêr. Dysgodd Twm gân i'r plant sy'n sôn amdano ef a Wil yn trwsio a pheintio'r ddwy long, y Lili a'r Felinheli, ar gyfer mordeithiau yr haf. Cario llechi o Gymru i wledydd pell oedd eu gwaith ac ew! mi ddylech chi glywed Twm yn disgrifio'r hwyliau mawr yn llenwi â gwynt, a'r cychod yn plymio'u ffordd drwy'r tonnau anferth, nes oedd yr ewyn yn drochion gwyn yn torri dros y deciau.

Cychod Wil Amêr

Pan ddaw yr haf fe hal - iwn y cych - od,
hal - iwn y cych - od, hal - iwn y cych - od,
Pan ddaw yr haf fe hal - iwn y cych - od,
cych - od Wil A - mêr. Pwl

Cytgan

bach ar y Li - li_____ A'r
hen Fe - - lin - he - li_____ Pwl
bach ar y Li - li_____ A
chych - od Wil A - mêr.

Pan ddaw yr haf fe drwsiwn y cychod,
Trwsiwn y cychod, trwsiwn y cychod.
Pan ddaw yr haf fe drwsiwn y cychod,
Cychod Wil Amêr.

Cytgan: Pwl bach ar y Lili…

Pan ddaw yr haf fe beintiwn y cychod,
Peintiwn y cychod, peintiwn y cychod.
Pan ddaw yr haf fe beintiwn y cychod,
Cychod Wil Amêr.

Cytgan:

Draw ar y bae fe hwyliwn y cychod,
Hwyliwn y cychod, hwyliwn y cychod.
Draw ar y bae fe hwyliwn y cychod,
Cychod Wil Amêr.

Cytgan:

Mae'r plant yn mwynhau bloeddio canu ar fwrdd y llong, a'u lleisiau nhw'n diasbedain ar draws y llyn. Ac ar ddiwrnod tawel o haf mi allwch chi eu clywed nhw o fuarth yr Hafod ym mhen pella'r Cwm. Dyma i chi un gân y byddan nhw yn ei chanu nes deffro'r Cwm i gyd!

Hen Frân Fawr Ddu

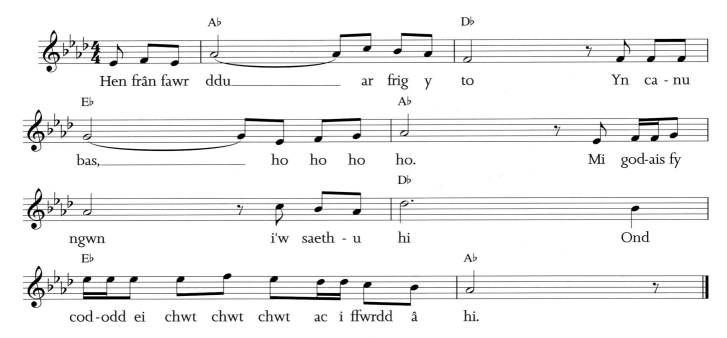

Hen chwannen fawr yn ddu fel glo
Yn pigo dyn nes mynd o'i go',
Mi godais fy nghap i'w dala hi
Ond cododd ei chwt chwt chwt
Ac i ffwrdd â hi.

Hen iâr fach bert yw'n iâr fach ni
Un binc a melyn a choch a du,
Fe aeth i'r berth i ddodwy wŷ
Ond cododd ei chwt chwt chwt
Ac i ffwrdd â hi.

Aeth Siôn a Siân ryw ddydd o ha'
I setlo'r cwestiwn, ie, ie, neu na,
Gofynnodd Siôn, "Wnei di mhriodi i?"
Ond cododd ei chwt chwt chwt ac i
ffwrdd â hi!

Wrth reswm pawb dydy hi ddim yn ddiwrnod braf bob dydd yng Nghwm-Rhyd-y-Rhosyn. Weithiau mi fydd y cymylau duon yn rowlio dros y Bannau, yn crynhoi at ei gilydd, ac yn arllwys glaw am ben pawb a phopeth yn y Cwm. Ar ddiwrnod fel hyn bydd yr hen bobl yn dweud ei bod hi'n bwrw 'fel o grwc', neu'n 'bwrw hen wragedd a ffyn'! Ond mae un ferch fach yn ddigon hapus pan fydd hi'n tywallt y glaw, oherwydd mae ganddi hi ambarel goch hefo smotiau gwyn. A phan fydd hi'n cerdded drwy'r glaw o dan ei hambarel mae hi'n cerdded yn union fel 'tae hi'n frenhines y Tylwyth Teg!

Bwrw Glaw

Bwrw glaw yn sobor iawn
Wel dyma bnawn anghynnes,
Mochel dan yr ambarel
A cherdded fel brenhines.

Eisiau ambarel yn siŵr
I gadw dŵr o'n clustiau,
Clustiau'n gwrando ar y wlad
Yn siarad am y siwrnai.

Holi hwn, a holi hon
A holi John dwy geiniog
Pwy yw hon â'r ambarel?
Wel mae hi'n ddel gynddeiriog.

Ond glaw neu hindda mae 'na un gŵr sy'n dal mor ddifyr ag erioed, gŵr byr o gorff a thrwyn main, ei lygaid yn chwerthin i gyd, a barf fawr wen yn union fel Siôn Corn! Ydych chi'n ei gofio fo? Ie, siŵr iawn, – yr hen felinydd. Fo sy'n gweithio yn y felin wrth ymyl y llyn. A fo yw'r un sy'n adrodd y straeon difyr hynny na fedrwch chi eu credu nhw bob amser.

Y diwrnod o'r blaen, a'r plant yn mochel rhag y glaw yn y felin, ac yn eistedd o gwmpas ar y sachau blawd, mi dd'wedodd yr hen felinydd ei fod o wedi cael breuddwyd rhyfedd iawn iawn y noson cynt. Tybed fyddwch chi'n ei gredu o?

Neithiwr Cefais Freuddwyd Mawr

Neith - iwr cef - ais freudd - wyd mawr

Gweld y byd â'i ben i lawr, Gweld llo bach yn

mynd am heic A gwe - led chwan - nen ar gefn beic A

men - ig am eu dwy - lo, men - ig am eu

dwy - lo, Yn y flwydd - yn hon - no Roedd hi'n

heul - wen braf bob dydd.

Wedyn gwelais rwdan sgwâr
A berfa'n gori ar wyau iâr,
Torri gwair hefo sybmarîn
A chathod bach mewn tun sardîn.

Cytgan: A menig am eu dwylo…

Gwelais wedyn fochyn tew
Yn mynd at y barbwr i siafio'i flew,
Dod yn ôl yn wyn fel oen
A siwt ymdrochi am ei groen.

Cytgan:

Yna gwelais Jymbo Jet
Yn gwisgo trowsus coch a het
A bwgan brain mewn ras ganŵ
Yn curo dryw a gwdi-hŵ.

Cytgan:

Erbyn i'r plant fynd adref o'r felin mae'r dydd yn tynnu ato a'r haul yn barod i ddiflannu dros y Bannau. Mae'n amser i ninnau ffarwelio â'r Cwm i droi am y gwely. Disgynnodd distawrwydd mawr dros Gwm-Rhyd-y-Rhosyn, ac mae'r plant a'r anifeiliaid i gyd yn barod i fynd i gysgu. Tan y tro nesa', hwyl fawr i chi i gyd.

Mynd i Gysgu

Cys - gu mae'r oen yn ym - yl y llyn
Haul yn mach - lud dros y bryn,
A - dar yn fud i lawr yn y cwm,
He - no mae po - peth yn cys - gu'n drwm.

Peidio wnaeth miri a chwerthin y plant
Cwm-Rhyd-y-Rhosyn yn swn y nant,
Sibrwd mae'r awel i lawr yn y cwm
Heno mae popeth yn cysgu'n drwm.

Huno'n ddi-stwr mae'r ardal i gyd
Golau'r lleuad dros y byd,
Dan lenni'r nos daeth breuddwyd i'r cwm
Heno mae popeth yn cysgu'n drwm.

GWYLIAU YNG NGHWM-RHYD-Y-RHOSYN

Croeso'n ôl i Gwm-Rhyd-y-Rhosyn! Diwrnod arall o wyliau yn y Cwm mwyaf bendigedig yn y byd. Wrth gwrs, mae pob dydd yn wyliau yng Nghwm-Rhyd-y-Rhosyn, ond gan ei bod yn haf, mae rhagor o blant wedi dod atom ni ar eu gwyliau, a heddiw rydan ni am fynd am dro gyda'n gilydd o gwmpas y Cwm. Felly dyma godi ar doriad gwawr – 'yng nglas y dydd' chwedl yr hen felinydd. Ust! Glywsoch chi geiliog yn canu – a cheiliog yr Hafod yn ei ateb yn y pellter? Dyna brofi ein bod wedi codi'n fore. Fel y d'wedes i, mae llawer o blant wedi dod ar eu gwyliau i'r Cwm, o bob cwr o Gymru, ac yn eu plith rhai o Ynys Môn, Pen Llŷn, a Chaerdydd...

A Wyddoch Chi?

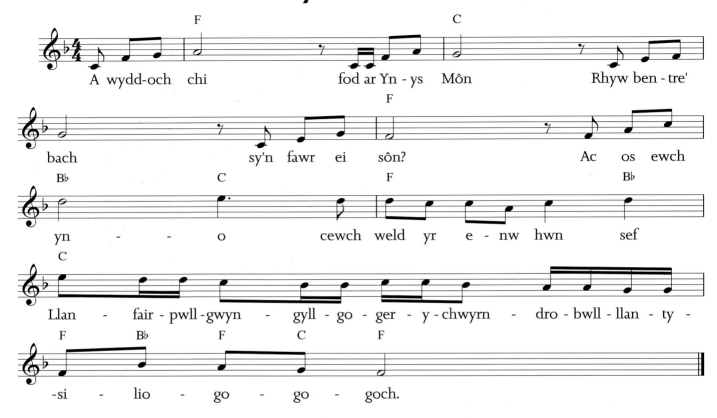

A wydd-och chi   fod ar Yn - ys   Môn   Rhyw ben - tre'

bach   sy'n fawr ei   sôn?   Ac   os   ewch

yn - - o   cewch weld yr   e - nw   hwn   sef

Llan - fair - pwll - gwyn - gyll - go - ger - y - chwyrn - dro - bwll - llan - ty -

-si - lio - go - go - goch.

A wyddoch chi fod ym Mhen Llŷn
Rhyw enwau tlws i'w gweld bob un?
Ac os ewch yno cewch weld yr enwau hyn
Sef Sarn ac Uwchmynydd,
Rhiw ac Efailnewydd a Nefyn ac Abersoch.

A wyddoch chi fod yng Nghaerdydd
Rhyw enwau pert i'w gweld bob dydd?
Ac os ewch yno cewch weld yr enwau hyn
Sef Cyncoed, Rhiwbeina,
Llandaf a Gabalfa, Pen-y-lan a'r Waun a Sblot.

Wrth i ni gerdded gyda glan Llyn y Felin, heibio i'r siop gwerthu-pob-peth, i gyfeiriad Bryn-y-Rhedyn, mae'r plant yn cael hwyl ar ganu cân sy'n sôn am lawer o offerynnau cerdd. Ac yn arwain y canu mae bachgen sy'n medru chwarae'r offerynnau yma i gyd, oherwydd mae o'n dod o Wlad yr Hud. Ac wrth ganu gyda ni rhaid i chi esgus bach eich bod chithe wrthi'n chwarae pob offeryn yn ei dro. Iawn? I ffwrdd â ni te!

Bachgen Glân Wyf Fi

Bachgen glân wyf fi
O Wlad yr Hud rwy'n dod
Mi ganaf gân:
"Be fedri ganu?"

1. Mi gana'r piano
   Pia-pia-pia-no, pia-no, pia-no
   Pia-pia-pia-no, pia-pia-no.

2. Fio-la

3. Picol-o

4. Dwbwl bas

5. Drwm-bwm-bwm

6. Sacsoffon

55

A dyma ni'n dod i olwg gefail Siôn y Gof - lle da i ganu fel y cofiwch chi. Mae Siôn wrthi'n brysur fel arfer yn pedoli, a thinc ei forthwyl yn diasbedain drwy'r Cwm, a'r gwreichion yn tasgu fel cawod o aur oddi ar yr einion. Rhaid pedoli'r ferlen heddiw fel y gall tad Dewi gario wyau'r Hafod i'r farchnad yn y dre', a phrynu siwgwr a the ac ati gyda'r arian i ddod yn ôl.

Ar Drot i'r Dre

Ar drot, ar drot i'r dre'
Mo'yn pwys o siwgwr ac owns o de,
Ar drot ar drot fy merlyn bach gwyn
Ar drot ar drot dros gorun y bryn
Ar garlam ar garlam i lawr Nant y Glyn.

Fy merlyn gwyn, o saf
I nôl fy neges i'r siop yr af
O Mr. Jones ga'i dipyn o de
A siwgwr gwyn i'w roi ynddo fe
A deg sydd i'w dalu amdanynt ynte?

Ar drot yn ôl o'r dre'
A dyma'r siwgwr, a dyma'r te
Ar drot ar drot caf de yn Nhŷ'r Ddôl
Ar drot ar drot fy merlyn di-rôl
Carlama, carlama – wel dyma ni'n ôl!

Wrth i ni wylio Siôn y Gof yn pedoli'r ferlen, gallwn hefyd weld y goeden fasarn unig sy'n tyfu ar ben Bryn y Rhedyn, gerllaw'r efail. Mae cân dda am y goeden yma sy'n dipyn o sbort i'w chanu, ac fe allwch chi actio'r gân hon hefyd, ond rhaid bod yn effro iawn cofiwch – yn effro tan y pennill olaf beth bynnag....

Y Pren ar y Bryn

Ar y bryn roedd pren, O, bren braf!
Y pren ar y bryn a'r bryn ar y ddaear
A'r ddaear ar ddim!
Ffeind a braf oedd y bryn lle tyfodd y pren.

2. Ar y pren roedd cainc...

3. Ar y gainc roedd nyth...

4. I'r nyth daeth ŵy...

5. O'r ŵy daeth cyw...

6. O'r cyw daeth plu...

7. O'r plu daeth gwely, O, wely braf!
   Y gwely o'r plu, a'r plu o'r cyw
   A'r cyw o'r ŵy, a'r ŵy o'r nyth
   A'r nyth ar y gainc, a'r gainc ar y pren
   A'r pren ar y bryn a'r bryn ar y ddaear
   A'r ddaear ar ddim!
   Ffeind a braf oedd y bryn lle tyfodd y pren.

8. O'r gwely daeth...........

Hei! Ydach chi'n cysgu? Sut hwyl gawsoch chi ar ddilyn y gân yna tybed? Mi fyddwn ni'n canu rhagor o'r caneuon cyflym yma cyn diwedd y dydd, felly byddwch yn barod! Os edrychwn ni'n ofalus ar Fryn y Rhedyn, fe welwn ni'r cwningod yn chwarae yn yr haul, a'u cynffonau gwynion yn dawnsio am y gorau. Ac yn eu canol mae sgwarnog fach a chlustiau hirion ganddi, un ar i fyny ac un ar i lawr. Bob hyn a hyn mae milgi Siôn y Gof yn rhedeg ar ôl y sgwarnog i geisio'i dal, ond dydy o byth yn llwyddo gan ei bod hi'n medru rhedeg mor gyflym. A deud y gwir, mae'r sgwarnog fach yn cael tipyn o hwyl am ben yr hen filgi druan!

Milgi Milgi

Milgi Milgi

Ac wedi rhedeg tipyn, tipyn bach
Mae'n rhedeg mor ofnadwy
Ac un glust lan a'r llall, a'r llall i lawr
Yn dweud "Ffarwel i'r milgi."

Cytgan:
Milgi milgi, milgi milgi
Rhowch fwy o fwyd i'r migi,
Milgi milgi, milgi milgi,
Rhowch fwy o fwyd i'r milgi.

'Rôl rhedeg sbel mae'r milgi chwim
Yn teimlo'i fod e'n blino
A gwelir ef yn swp, yn swp ar lawr
Mewn poenau mawr yn gwingo.

Cytgan:
Milgi milgi, milgi milgi
Rhowch fwy o fwyd i'r migi,
Milgi milgi, milgi milgi,
Rhowch fwy o fwyd i'r milgi.

Ond dal i fynd mae'r sgwarnog fach
A throi yn ôl i wenu
Gan sboncio'n heini dros y bryn
A dweud "Ffarwel i'r milgi."

Cytgan:
Milgi, milgi, milgi, milgi
A dweud "Ffarwel i'r milgi".
Milgi, milgi, milgi, milgi
A dweud "Ffarwel i'r milgi."

Cyn gadael yr efail, a ffarwelio am y tro â Siôn y Gof, mae un gân arall mae'n rhaid ei chanu, ac i wneud hon yn iawn, rhaid i bawb eistedd i lawr a bod yn barod i godi, – ac i droi rownd. Felly, pawb yn eistedd, a phawb â'i fys a'i fawd yn barod i symud…

Un Bys, Un Bawd yn Symud

Un bys, un bawd yn symud
Un bys, un bawd yn symud
Un bys, un bawd yn symud
A ni awn adref yn llon.

Un bys, un bawd, un fraich yn symud…

Un bys, un bawd, un fraich, un goes yn symud…

Un bys, un bawd, un fraich, un goes,
slap ar y frest yn symud…

Un bys, un bawd, un fraich, un goes, slap ar y frest,
codi ac eistedd yn symud…

Un bys, un bawd, un fraich, un goes, slap ar y frest,
codi nac eistedd, codi a throi yn symud…

Fe adawn yr efail, a cherdded i lawr at yr afon; wnawn ni ddim cymryd y llwybr tarw y tro hwn, er mwyn i ni gael croesi'r bompren a gweld y brithyll yn nofio oddi tani. Wrth i ni gerdded, mae'r adar i'w clywed yn canu ar bob llaw... glywch chi nhw?

Rhai o hoff adar plant y pentre' yw adar y to, yr adar bach direidus hynny y gwelwch chi nhw'n chwarae o gwmpas eich tŷ yn aml iawn. Wel, mae deg o adar y to sy'n byw yng Nghwm-Rhyd-y-Rhosyn yn mynd am dro i'r dre' o bryd i'w gilydd, a wyddoch chi be' wnaethon nhw unwaith? Mynd i'r sinema i weld ffilm am hen gawr a gwrach, brenhines a thywysog. Mi gawn ni glywed dau o'r adar eu hunain yn dweud yr hanes....

Deg o Adar Bach y To

Deg o adar bach y to
Yn mynd i'r sinema am dro,
Eistedd yn y seddau drud
Bwyta losin coch o hyd,
Adar bach y to.

Dyma'r ffilm yn dod yn awr
Adar bach mewn syndod mawr,
Gweld hen gawr, a gweld hen wrach
Pawb ag ofn yn ddistaw bach,
Adar bach y to.

Dyma hi yn awr yn nos
Y cawr yn dal brenhines dlos,
Deg o adar bach y to
Yn gweiddi'n uchel "Daliwch o!"
Adar bach y to.

Dyma d'wysog dewr a thal
Yn dyfod gyda'i raff a'i ddal
Pawb yn dweud "Hwre! Hwre!"
A dawnsio'n wyllt ar hyd y lle,
Adar bach y to.

Ffilm yn gorffen, gole mawr
Amser mynd i glwydo'n awr,
Plu'r hen adar bach i gyd
Yn dal i grynu peth o hyd,
Adar bach y to, adar bach y to.

Glywsoch chi leisiau fel yna o'r blaen? Dyna i chi gantorion ynde?
Ymlaen â ni at y Tŷ Bach Twt i weld yr hen wraig fach bwt a'i gŵr a ddaeth o
Abertawe ers talwm. Ac wrth i ni nesu at y tŷ, gyda'r blodau amryliw o'i gwmpas,
mae'r drws ar agor fel arfer i'n croesawu, yn union fel y tŷ bach twt arall hwnnw ar
lan y môr yn y gân yma:

Tŷ Bach Twt

Mae gen i dipyn o dŷ bach twt
O dŷ bach twt, o dŷ bach twt,
Mae gen i dipyn o dŷ bach twt
A'r gwynt i'r drws bob bore.

Cytgan:
Hei-di-ho, di-hei-di-hei-di-ho,
A'r gwynt i'r drws bob bore.

Agorwch dipyn o gil y drws
o gil y drws, o gil y drws,
Agorwch dipyn o gil y drws
Gael gweld y môr a'i donnau.

Cytgan:
Hei-di-ho, di-hei-di-hei-di-ho,
Gael gweld y môr a'i donnau.

Wel dewch i mewn eisteddwch i lawr
eisteddwch i lawr, eisteddwch i lawr,
Wel dewch i mewn eisteddwch i lawr
Cewch gysgu tan y bore.

Cytgan:
Hei-di-ho, di-hei-di-hei-di-ho,
Cewch gysgu tan y bore.

Prynhawn da! Ydy, mae wedi troi canol dydd, ac mae'n amser i ni gael picnic bach cyn mynd ymlaen ar ein taith i gyfeiriad y Bannau. Mi gawson ni dorth o fara cartre' gan wraig y Tŷ Bach Twt, ac fe'i rhannwn rhwng y plant i fwyta gyda'r ffrwythau a'r brechdanau sydd yn eu bagiau bwyd, ac wrth fwyta, mi ganwn ni gân y cytseiniaid: dd, ll , ch ac th. Ond cofiwch, fedrwch chi ddim canu'r gân hon yn iawn os yw'ch cegau'n llawn! O na, mae'n dipyn o gamp i ganu hon hyd yn oed â'ch cegau'n wag!

Cân y Cytseiniaid

Me-ddwl a-ddo a - fal__ Me-ddwl a-ddo mwy
Myr-ddin am un me - ddal Yn fwyd i ddau neu ddwy.
Me-ddwl a-ddo a - fal__ Me-ddwl a-ddo mwy
Myr-ddin am un me - ddal Yn fwyd i ddau neu ddwy.

Mae llo y llwyn yn llyfu
Yn llyfu, llyfu llaw
Mae o yn llai na'r llo mawr llwyd
Ond fo sy'n llyfu llaw.

Hwch a chwech o berchyll
Yn gwichian dros y lle,
Mochyn tew yn rhochian
Yn sochian – dyma le!

Cathi cath yn coethi
Yn coethi ar y ci
A Carlo'r ci yn cythru
Yn cythru Cathi ni!

Ar ôl gorffen bwyta, mae pawb yn barod i fynd ymlaen, a phawb yn edrych ymlaen i gwrdd ag un o drigolion mwyaf arbennig Cwm-Rhyd-y-Rhosyn. Pwy yw o? Caradog. A phwy yw Caradog? Caradog y cawr, sy'n byw yn yr ogof wrth odre'r Bannau. Ond peidiwch â dychryn, - Caradog yw'r cawr cleniaf yn y byd; er ei fod yn anferth o fawr, mae'n garedig iawn ac wrth ei fodd yn chwarae gyda'r plant, a does dim yn well ganddo na chlywed y plant yn canu ei gân. Felly, gyda'n gilydd, a chanwch yn ddigon uchel i Garadog eich clywed.

Caradog y Cawr

Pan af i am dro draw i'r Bannau
Rwy'n galw i ddweud helo
Ac yna yn cuddio fy nghlustie
Iddo fynte gael bloeddio HELO!!

Cytgan: Caradog y cawr...

Mi es ato rhyw ddiwrnod a gofyn
A hoffai o chwarae pêl-droed,
Fe giciodd y bêl yn reit ysgafn
Ac fe hedodd bum milltir i'r coed!

Cytgan:

Os byddaf ar frys mawr rhyw adeg
Mi redaf at ogof y cawr
A chaf bas fel y gwynt ar ei ysgwydd
Rhyw deirllath neu bedair o'r llawr!

Cytgan:

Mae pob un yng Nghwm-Rhyd-y-Rhosyn
Yn hapus a diogel eu byd
Am fod gynnon ni gawr mor garedig
I'n helpu a'n gwarchod i gyd.

Cytgan:

Mae Caradog yn hoff iawn o ganu ei hun, a does fiw i ni ffarwelio ag o heb ganu'r gân am y dyn bach o Fangor sydd newydd ddod i'r dre', a phan glywch chi'r geirie "Wel ie" ym mhob pennill, ymunwch chithau yn y gân. Ond gwyliwch! Rhaid i'ch tafod fod yn llithrig dros ben i gael y geiriau yma i gyd yn eu trefn iawn.

Dyn Bach o Fangor

Mae dyn bach o Fangor newydd ddod i'r dre'
Dyn bach o Fangor newydd ddod i'r dre'
Wel ie!
Dyn bach o Fangor newydd ddod i'r dre'
Dyn bach o Fangor newydd ddod i'r dre'.

Mae gwraig fach y dyn bach o Fangor…

Mae ci bach y wraig fach y dyn bach o Fangor…

Mae cynffon fach y ci bach y wraig fach y dyn bach o Fangor…

Mae blewyn bach ar gynffon fach y ci bach y wraig fach y dyn bach o Fangor…

Mae chwannen fach ar flewyn bach ar gynffon fach y ci bach y wraig fach y dyn bach o Fangor…

Mae ddannodd fach ar chwannen fach ar flewyn bach ar gynffon fach y ci bach y wraig fach y dyn bach o Fangor…

Druan o'r chwannen!
Wedi dweud 'hwyl fawr' wrth Caradog, rhedwn am y cynta i gyfeiriad Fferm yr Hafod. Yma fe gofiwch chi mae'r gwcw i'w chlywed bob blwyddyn rhwng Ebrill a Mehefin. Mae un o'r plant sydd ar ei wyliau o Geredigion wedi dysgu cân newydd i ni am y gwcw, - sy'n dangos nad ydy'r adar eraill yn meddwl yn uchel iawn o'r hen gwcw. Fel hyn mae'n mynd:

Deryn o Bant yw'r Gwcw

Mae'n treulio'r gwanwyn ar ei hyd
Yn canu ac ofera,
Mae'n mynd y gaea' i weld y byd
Lawr ar y Riviera.

Gwcw, gwcw, hen dderyn o bant yw'r gwcw,
Mi ddwedodd y frân wrth y crychydd glas
Mai deryn o bant yw'r gwcw.

Mae gwas y gôg yn dweud yn bwt
"Mae'r plant 'ma am y druta',
Rwyf wrthi'n awr yn magu crwt
Sy'n gneud dim byd ond byta."

Gwcw, gwcw, hen dderyn o bant yw'r gwcw,
Mae gwas y gôg yn dweud mai rôg
A deryn o bant yw'r gwcw.

Wrth ein clywed ni'n canu, mae Dewi sy'n byw yn yr Hafod wedi dod draw atom ni. A be' feddyliech chi sydd ganddo fo? Llong ofod newydd sbon a gafodd o ar ei ben blwydd, tebyg i'r rhai sy'n hedfan i'r lleuad a'r sêr. Mae pawb am gael tro yn y llong ofod, ac wrth eistedd ynddi, rydan ni'n dychmygu ein bod yn chwyrlïo drwy'r gofod i weld rhyfeddodau gwych y bydysawd.

Cân y Gofod

O mi garwn fynd am drip i'r lleuad (x 3)
I neidio ugain llath i'r awyr fry.

O mi garwn fynd am sgawt i Sadwrn (x 3)
A gweled rhyfeddodau hardd y sêr.

O mi garwn fynd ar wib mewn llong ofod (x 3)
A throedio'r Llwybr Llaethog wrth fy modd.

O mi garwn wisgo siwt gofodwr (x 3)
A mynd am wibdaith hir i blith y sêr.

O mi garwn fynd am dro i'r gofod (x 3)
Dim ond os cawn i ddod
Dim ond os cawn i ddod
Dim ond os cawn i ddod i Gymru'n ôl.

Mae'n anodd iawn gadael Dewi a'i long ofod, ond rhaid symud ymlaen neu fyddwn ni byth adre' cyn nos. Felly, i ffwrdd â ni ar ras, heibio i Frest Pen Coed ac ar hyd y llwybr troed drwy'r goedwig nes cyrraedd tŷ Owen Dau Funud y dyn glo. Un doniol iawn ydy Owen, ac mi fydd llawer o bobol yn chwerthin am ei ben, ond mae'r plant yn hoff iawn ohono fo, ac yn arbennig am ei fod newydd brynu mul bach llwyd a brown, - y mul bach mwya diog a chastiog welsoch chi erioed! Dacw fo Now druan, yn eistedd yn ei gert gyda dwy sachaid o lo, a'r mul bach yn gwrthod symud yr un fodfedd...

Owen Dau Funud

A welsoch chi Owen Dau Funud?
Mae newydd brynu mul,
Ac Owen a'r mul yr un ffunud
Yn rhodio â golwg go gul.
Go gul, go gul, go gul, go gul
A phawb yn holi yn enbyd:
"I ble maen nhw'n mynd ar y Sul?"

Pan fydd yr hen ful yn ei strancie
Neu'n clywed hogle glaw
Bydd ei nâd yn byddaru y pentre
Ac Owen yn gweiddi: "Wel taw!"
Wel taw, wel taw, wel taw, wel taw
A phawb â'u dau fys yn eu clustie
A phobol y dre yn cael braw.

Gwneith Owen ei ffortiwn yn fuan
Wrth gario glo i'r wlad
Pan glywan nhw'r drol yn trybedian
Mi ddyfyd hen bobol, "Wel tad!"
Wel tad, wel tad, wel tad, wel tad
A phawb yn prysuro â'u harian
Er mwyn cael ymwared o'r nâd.

Mae Owen a'r mul yr un ffunud
Yn llusgo tan y nos
A'r mul yn y clawdd yn cau symud
Ac Owen yn gweiddi: "Wel dos!"
Wel dos, wel dos, wel dos, wel dos
"Mi ddo' i a'r glo mewn dau funud
Ond cael yr hen gradur o'r ffos!"

Bydd Owen yn cychwyn y bore
Â'i ful a'i ambarel
A'i wraig yn ei ddanfon i'r pentre
A chrio wrth roddi ffarwel.
Ffarwel, ffarwel, ffarwel, ffarwel
Ac Owen yn gweiddi ei ore
"Ni fydda'i ddau funud 'rhen Nel!"

Wel, rhaid i ni adael Owen Dau Funud a'i ful bach styfnig a rhedeg draw i'r felin. Fedrwn ni byth fynd adre heb alw i weld yr hen felinydd, oherwydd wyddoch chi ddim pa straeon fydd ganddo, neu pa driciau fydd ganddo ar ein cyfer. Wedi agor drws y felin, does dim golwg o'r hen ŵr, ond be' feddyliech chi? Mae'r lle wedi'i addurno i gyd, ac yn y gornel mae coeden - coeden Nadolig, a'i changau'n llawn anrhegion o bob math! Ac o flaen y goeden mae cerdyn ac arno'r geiriau: "Canwch Pwy Sy'n Dŵad Dros y Bryn". Wel, does dim amdani nac oes, ond ufuddhau.

Siôn Corn

Pwy sy'n dŵad dros y bryn yn ddistaw, ddistaw bach?
Ei farf yn llaes a'i wallt yn wyn, a rhywbeth yn ei sach?
A phwy sy'n eistedd ar y to ar bwys y simdde fawr?
Siôn Corn, Siôn Corn, - "Helo! Helo!"
"Tyrd yma, tyrd i lawr!"

Mae'r saith rhyfeddod yn dy sach, gad imi weled un
A rho rhyw drysor bychan bach yn enw Mab y Dyn,
Mae'r gwynt yn oer ar frig y to, mae yma ddisgwyl mawr
Siôn Corn, Siôn Corn, - "Helo! Helo!"
"Tyrd yma, tyrd i lawr!"

A dyma fo'r hen felinydd yn dod i'r golwg – wedi'i wisgo fel Siôn Corn, a'i farf hir wen yn gweddu i'r dim. Mae'r plant yn gweiddi "Hwrêêê!" fawr, ac yn cael anrheg bob un o sach Siôn Corn. "Falle'i bod hi'n ganol haf" meddai'r hen felinydd, a'i lygaid yn chwerthin i gyd, "ond gan na fyddwch chi i gyd yma adeg y Nadolig, mae'n bosib trefnu Nadolig unrhyw bryd yng Nghwm-Rhyd-y-Rhosyn!" "Hwrêêê!" fawr arall! Ond mae un peth arall gan yr hen ŵr i'w ddangos i ni, ac allan â ni i lan Llyn y Felin, ac yno, yn disgleirio ar y dŵr mae'r llong fach hardda' welsoch chi erioed. A chyn pen dim, mae'r hen felinydd wedi dysgu cân i'r plant am y llong. Ac wrth i ni ganu'r gân, mae'r haul yn machlud dros y Bannau yn y pellter, a'r plant yn edrych ymlaen at ddiwrnod llawn arall yfory yng Nghwm-Rhyd-y-Rhosyn.

Nos da bawb, mi welwn ni chi i gyd eto fory....

Fy Llong Fach Arian i

Mae gen i long fach arian, a'i deciau'n aur i gyd
A'i hwyliau main o sidan i ddal awelon hud,
Yn hon y bydda i'n morio bob nos tan hwyliau tynn
'Rôl codi'r holl angorion, a gado'r harbwr gwyn.

O, mae tonnau cwsg yn chwyddo dros y bar
Ac mae llafnau'r sêr yn crynu yn y lli,
Ac mae awel fain yn tyner wthio'r llong dros orwel byd
O does unpeth fel fy llong fach arian i.

Pan glywa i'r cloc yn taro â'i glychau saith o'r gloch
Rwy'n mynd yn ddistaw, ddistaw dros risiau'r carped coch,
Yn diffodd golau'r gannwyll a chau f'amrannau'n dynn
A chodi'r holl angorion a gado'r harbwr gwyn.

O mae'r llyw yn troi fel pluen yn fy llaw
Ac mae'r môr yn llifo heibio heb un si,
Awn o gylch y byd mewn noson o Hawaii i Fandale
O does unpeth fel fy llong fach arian i.

Os caewch chi eich llygaid bob nos pan dery saith
Cewch chithau ddyfod hefyd i'r gyfareddol daith,
Mi alwaf wrth eich porthladd â'm hwyliau main yn dynn
Nid ydyw'r daith ond munud rôl gado'r harbwr gwyn.

O mae'r gwledydd pell yn llawn o drysor cudd
Ac mae lladron môr yn disgwyl ar y lli,
Ond fe'u concraf oll a'u rheibio, dof â'r trysor adre'n ôl
O does unpeth fel fy llong fach arian i.

AR RAS I GWM-RHYD-Y-RHOSYN

Helo! Croeso'n ôl i Gwm-Rhyd-y-Rhosyn! Dewch gyda ni am dro unwaith eto, ac i lawr i'r pentre' â ni ar ein pennau. Ar gwr y pentre' mae'r siop gwerthu-pob-peth, a phwy sy'n cadw'r siop ond y fenyw fach a ddaeth i fyw i'r Cwm o Gydweli…

Hen Fenyw Fach Cydweli

Hen fenyw fach Cydweli yn gwerthu losin du,
Yn rhifo deg am ddime, ond un-ar-ddeg i mi.
Wel dyma'r newydd gore ddaeth i mi, i mi,
Wel dyma'r newydd gore ddaeth i mi, i mi,
Oedd rhifo deg am ddime, ond un-ar-ddeg i mi.

Cytgan:
Ffa la la, ffa la la, ffa la la la la la la
Ffa la la, ffa la la, ffa la la la la la la.

Mi es i Faes y Croese, mi ges i groeso mawr,
A fale wedi'u pobi a stôl i iste lawr.
Wel dyma'r newydd gore ddaeth i mi, i mi,
Wel dyma'r newydd gore ddaeth i mi, i mi,
A fale wedi'u pobi a stôl i iste lawr.

Cytgan:

Mae gen i fegin newydd a honno'n llawn o wynt,
Mae'r byd yn gwenu arnaf fel yn y dyddiau gynt.
Wel dyma'r newydd gore ddaeth i mi, i mi,
Wel dyma'r newydd gore ddaeth i mi, i mi,
Mae'r byd yn gwenu arnaf fel yn y dyddiau gynt.

Cytgan:

Ffarweliwn am y tro â hen fenyw fach Cydweli a 'mlaen â ni at Faes y Ffair. Yma mae'r ceffylau bach, y stondin cnau coco, a'r ceir rasio. Ac yma ar Faes y Ffair y byddwn ni weithiau'n cael dawnsio gwerin, ac yn canu caneuon sy'n mynd gyda'r dawnsio, tebyg i hyn:

Cadi Ha!

Hwp, ha wen, Cadi ha', Morus stowt
Dros yr ychla'n neidio; hwp, dyna fo!
A chynffon buwch a chynffon llo
A chynffon Rhisiart Parri'r go'
Hwp, dyna fo!

Hwp, ha wen, la da li a la da lo
Lada ges i fenthyg; hwp, dyna fo!
A chynffon buwch a chynffon llo
A chynffon Rhisiart Parri'r go'
Hwp, dyna fo!

Does dim amser i aros rhagor yn y ffair gan ein bod am gerdded i ben pella'r Cwm, ac yn ôl, cyn nos. Felly ar ras â ni at efail Siôn y Gof, ac mi fentra i swllt y bydd Siôn yn mwmian canu rhyw gân sy'n sôn am ei hoff anifail – y ceffyl.

Ji, Geffyl Bach

Ji, geffyl bach yn cario ni'n dau
Dros y mynydd i hela cnau,
Dŵr yn yr afon a'r cerrig yn slic,
Cwympo ni'n dau, wel dyna i chi dric!

Cwyd Robin bach a saf ar dy draed,
Sych dy lygaid, anghofia'r gwaed,
Neidiwn ein dau ar ein ceffyl bach gwyn
Dros y mynydd ac i lawr y glyn.

Ji, geffyl bach, dros frigau y coed
Fel Tylwyth Teg mor ysgafn dy droed,
Carlam ar garlam ar gwmwl mawr gwyn
Naid dros y lleuad, ac i lawr at y llyn.

Mi adawn ni Siôn i fynd ymlaen â'i waith yn yr efail, ac i ffwrdd â ni i gyfeiriad Bryn y Rhedyn. Fel y cofiwch chi efallai, yma mae'r Pren ar y Bryn, ac yma hefyd y mae'r hen asyn llwyd yn pori.

Draw Mae yr Asyn

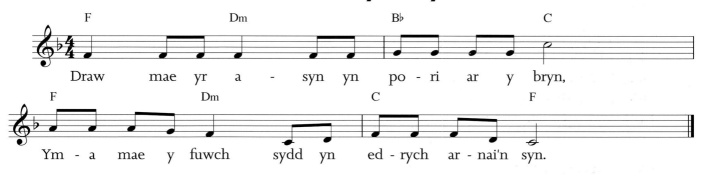

Glywi di'r g'lomen yn galw yn y coed?
Glywi di'r gwcw yn ateb fel erioed?

Draw mae y tractor yn tynnu llwyth o wair,
Pasio mae y bws sydd yn cario plant i'r ffair.

Glywi di'r miwsig o'r disgo yn y Llan?
Rhedwn am y cyntaf i gyrraedd y fan.

Mi awn o Fryn y Rhedyn rownd y tro wrth y Llwybr Tarw, a thu ôl i'r pentre', dros yr afon at Fwthyn Mari. Mae Mari'n enwog am gadw ieir – ieir o bob lliw sy'n crafu am damaid yn y cae o gwmpas y bwthyn, ac wrth gwrs yn dodwy wyau wrth y dwsin. Os bydd un o'r ieir yn digwydd mynd drwy'r clawdd i'r ardd, bydd Mari yn dweud y drefn yn ofnadwy, ac yn canu'r gân yma i ddychryn yr hen iâr druan!

Iâr Fach Wen

Iâr fach wen, mae'n rhaid i mi dy bluo,
Iâr fach wen, mae'n rhaid dy bluo nawr.
Rhaid dy bluo ar dy ben,
Ar dy ben,
Iâr fach wen,
O! Iâr fach wen, mae'n rhaid i mi dy bluo,
Iâr fach wen, mae'n rhaid dy bluo nawr.

Rhaid dy bluo ar dy fol…

Rhaid dy bluo ar dy glust…

Rhaid dy bluo ar dy big…

Rhaid dy bluo ar dy goes…

Ond chwarae teg i Mari, 'chymra hi mo'r byd am bluo un o'i hieir, ac mae'r ieir yn gwybod hynny'n iawn. Mi fydd yr ieir yn crwydro weithiau draw at y llwyni cnau, ac yn y llwyni yma roedd Tomi Puw yn arfer chwarae, ond welodd neb mohono ar gyfyl y llwyni'n ddiweddar. Pam? Wel, mae Tomi wedi cael cariad!

Tomi Puw

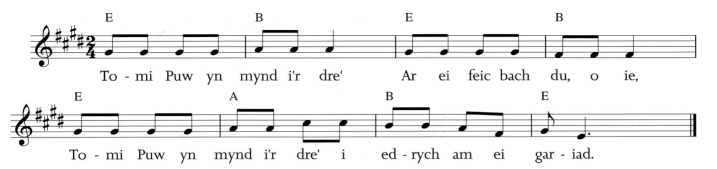

To - mi Puw yn mynd i'r dre'   Ar ei feic bach du, o ie,

To - mi Puw yn mynd i'r dre' i ed - rych am ei gar - iad.

Tomi Puw yn mynd i'r dre'
Yn ei gar bach glas, o ie...

Tomi Puw yn mynd i'r dre'
Ar ei sgwter chwim, o ie...

Tomi Puw yn mynd i'r dre'
Ar ei dractor coch, o ie...

Tomi Puw yn mynd i'r dre'
Yn ei jymbo jet, o ie...

Tomi Puw yn mynd i'r dre'
Yn ei sybmarîn, o ie...

Tomi Puw yn dod o'r dre'
Tomi'n hapus iawn, o ie,
Tomi Puw yn dod o'r dre'
Ar ôl cael gweld ei gariad.

81

I ffwrdd â ni ar ras eto dros yr afon i gyfeiriad y Bannau Mawr lle mae ogof Caradog y Cawr. Mi awn ni i fyny ac i fyny i ganol y Bannau i weld lle mae'r afon yn dechre fel nant fach fywiog. Mi gawn ni damaid o fwyd yma, ac yna mi ganwn ni gân y nant – a chofio symud gyda'r gân wrth gwrs!

Nant y Mynydd

Nant y mynydd groyw, loyw
Yn ymdroelli tua'r pant,
Rhwng y brwyn yn sisial ganu
O na bawn i fel y nant.

Nôl a mlaen, nôl a mlaen,
nôl a mlaen a nôl a mlaen
Nôl a mlaen, nôl a mlaen,
nôl a mlaen a nôl a mlaen.

Adar mân y mynydd uchel
Godant yn yr awel iach,
O'r naill drum i'r llall yn hedeg,
O na bawn fel deryn bach.

Mewn a mas, mewn a mas,
mewn a mas a mewn a mas,
Mewn a mas, mewn a mas,
mewn a mas a mewn a mas.

Grug y mynydd yn eu blodau,
Edrych arnynt hiraeth ddug
Am gael aros yn y bryniau
Yn yr awel efo'r grug.

Lan a lawr, lan a lawr,
lan a lawr a lan a lawr,
Lan a lawr, lan a lawr,
lan a lawr a lan a lawr.

Mab y mynydd ydwyf innau
Oddi cartref yn gwneud cân,
Ond mae 'nghalon yn y mynydd
Efo'r grug a'r adar mân.

Troi a throi, troi a throi,
troi a throi a troi a throi
Troi a throi, troi a throi,
troi a throi a troi a throi.

Mae 'na lawer o eifr gwylltion ar greigiau'r Bannau Mawr, a flynyddoedd yn ôl roedd bugeiliaid yn arfer hel y geifr i'w godro bob nos. A dyma'r gân y bydden nhw'n ei chanu wrth chwilio am y geifr.

Oes Gafr Eto?

Oes gafr eto, oes heb ei godro?
Ar y creigiau geirwon mae'r hen afr yn crwydro.
Gafr goch, goch, goch
Ie, fingoch, fingoch, fingoch,
Foel gynffongoch, foel gynffongoch
Ystlys goch a chynffon goch, goch, goch.

Oes gafr eto, oes heb ei godro?
Ar y creigiau geirwon mae'r hen afr yn crwydro.
Gafr las, las, las
Ie, finlas, finlas, finlas,
Foel gynffonlas, foel gynffonlas,
Ystlys las a chynffon las, las, las.

Oes gafr eto, oes heb ei godro?
Ar y creigiau geirwon mae'r hen afr yn crwydro.
Gafr binc, binc, binc,
Ie, finbinc, finbinc, finbinc,
Foel gynffonbinc, foel gynffonbinc,
Ystlys binc a chynffon binc, binc, binc.

Ar ôl dod i lawr o'r Bannau, rhaid croesi'r afon eto a phasio'r goedwig fawr ar y dde. Mae 'na gannoedd o adar yn byw yn y goedwig yma – colomennod a brain, y fronfraith a'r deryn du, y dylluan a'r eos, y dryw bach a thelor y coed. Ond mae un o'r adar yn edrych yn drist iawn.

Ble'r Ei Di

Ble'r ei di, ble'r ei di, yr hen dderyn bach?
I nythu fry ar y goeden.
Pa mor uchel yw y pren?
Wel dacw fo uwchben.
O, mi syrthi, yr hen dderyn bach!

Ble'r ei di, ble'r ei di, yr hen dderyn bach?
I rywle i dorri fy nghalon.
Pam yr ei di ffwrdd yn syth?
Plant drwg fu'n tynnu'r nyth.
O, drueni, yr hen dderyn bach.

Wedi gwneud yn siŵr fod y deryn bach yn cael trwsio'i nyth, ymlaen â ni at Fferm yr Hafod lle mae Dewi'n byw. Dyma fo Dewi yn rhedeg i'n cyfarfod, yn rhedeg mor gyflym nes bod yr hen Geiliog Dandi yn gorfod sgrialu o'r ffordd!

Y Ceiliog Dandi

Roedd dwy iâr wen yn pigo
Eu bwyd yng nghefn y tŷ
A'r ceiliog dandi'n brysur
Wrthi yn trwsio'i blu.

Siaradai'r ddwy am falwod
A phryfed bob yn ail,
A'r ceiliog dandi'n gwylio
O ben y domen dail.

Aeth un iâr wen rhyw ddiwrnod
I weld y byd am dro
A'r ceiliog dandi'n torri
Y newydd drwy y fro.

Daeth Siân Slei Bach o rywle
A chipio'r llall un p'nawn,
Mae'r ceiliog dandi heddiw
Yn drist ac unig iawn.

Pwsi Meri Mew

Pwsi Meri Mew, ble collaist ti dy flew?
Wrth fynd i lwyn tew
Ar yr eira mawr a'r rhew.
Pa groeso gest ti yno?
Beth gefaist yn dy ben?
Ces fara haidd du coliog,
A llaeth yr hen gaseg wen.

Pwsi Meri Mew, ble llosgaist ti dy flew,
Hardd loyw hirflew
Siaced sidan darian dew?
Wrth orwedd ar y marwor
A'r lludw wrth y tân,
Am nad oedd Modryb Geinor
Yn cadw'i thŷ yn lân.

Pwsi lawen lân, ble cefaist ti dy gân?
Ger pant y pentan
Cân o grynion nodau mân.
Mam-gu a'i dysgodd imi
Ar aelwyd yn y wlad
Pan ganai fi i gysgu,
Cân ddysgodd gan ei thad.

Mae pob math o anifeiliaid ar Fferm yr Hafod – buwch a llo a moch a hwch, hwyaid a ieir a cheffyl a bwch, defaid ac ŵyn a mul a chi – heb anghofio Pwsi Meri Mew.

Mae Dewi'n gofyn i'w fam gaiff o ddod gyda ni am dro. "Dim ond cyn belled â'r dderwen fawr" medddai hithau, felly ffwrdd â ni ar ras i chwarae i Frest Pen Coed. Ac wrth chwarae yn fanno, mae Dewi'n sôn am yr holl bethau y cawn eu gwneud pan ddaw hi'n adeg gwyliau eto.

Be Wnawn Ni

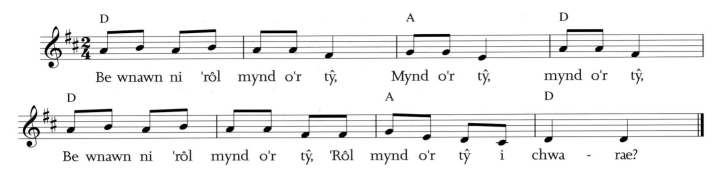

Be wnawn ni 'rôl mynd o'r tŷ, Mynd o'r tŷ, mynd o'r tŷ,

Be wnawn ni 'rôl mynd o'r tŷ, 'Rôl mynd o'r tŷ i chwa - rae?

Reidio ar ein beics bob dydd
Beics bob dydd, beics bob dydd…

Llithro ar y llithren goch…

Ar fwrdd sglefrio i lawr y stryd…

Dringo ar y dringwr mawr…

Rasio ceir drwy'r mwd a'r baw…

Codi castell ar y traeth…

Be wnawn ni 'rôl mynd o'r tŷ…

Dacw Mam yn Dŵad

Dacw Mam yn dŵad ar ben y gamfa wen,
Rhywbeth yn ei ffedog a phiser ar ei phen.
Y fuwch yn y beudy yn brefu am y llo
A'r llo yr ochor arall yn chwarae Jim Cro.
Jim Cro Crystyn, wan, tŵ, ffôr,
A'r mochyn bach yn eistedd mor ddel ar y stôl.

Dafi bach a minne yn mynd i Aberdâr,
Dafi'n mofyn ceiliog a minne'n mofyn iâr,
Shoni Bric-a-moni yn mofyn buwch a llo
A merlyn bach a mochyn a cheiliog go-go-go.
Ceiliog bach y dandi yn crio drwy ŷ nos
Eisie benthyg ceiniog i brynu gwasgod goch.

Dafi bach a minne yn mynd i gadw ffair
Dafi'n gwerthu pinne a minne'n gwerthu gwair
Dafi bach a minne yn prynu yn y ffair
Ceffyl am y pinne a gwagen am y gwair.
Jim Cro Crystyn, wan, tŵ, ffôr,
A'r mochyn bach yn eistedd mor ddel ar y stôl.

Ceffyl bychan gwine a gwagen goch a gwyn
Dafi bach a minne yn gyrru dros y bryn,
Ceffyl bychan gwine yn neidio dros y cae
Dafi bach a minne yn deffro yn ein gwlâu.
Jim Cro Crystyn, wan, tŵ, ffôr,
A'r mochyn bach yn eistedd mor ddel ar y stôl.

Rhedwn ymlaen heibio i'r Llwybr Troed at y dderwen fawr, a Dewi'n dweud "Hwyl fawr" a "Wela'i di fory" cyn troi'n ôl am yr Hafod. Awn ymlaen at dŷ Owen Dau Funud. Fel y daw Owen i'r drws, mae ei fam yn cyrraedd o'r pentre'.

Tw-da-la

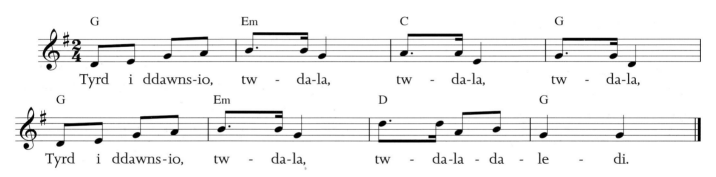

Tyrd i ddawns-io, tw - da-la, tw - da-la, tw - da-la,

Tyrd i ddawns-io, tw - da-la, tw - da-la-da-le - di.

Tyrd i redeg, tw-da-la…

Neidio'n uchel, tw-da-la…

Plygu'n ddwbwl, tw-da-la…

Codi'n breichiau, tw-da-la…

Yn rhy fuan o lawer, mae'n amser codi llaw ar
Owen, a brysio mlaen at Lyn y Felin a neidio ar
gwch Twm Siôn Jac. Bu Twm yn forwr go iawn
am flynyddoedd, yn rowndio'r Horn mewn
llongau hwyliau mawr, ac mae'n gwybod y
caneuon môr i gyd. Mae'n aml yn sôn am ei
fordeithiau i'r Iwerddon, i harbwr Corc.

Yn Harbwr Corc

Yn harbwr Corc yr oeddwn
Rhyw fore gyda'r dydd, gyda'r dydd
O hogia' bach, rhyw fore gyda'r dydd.
A phawb oedd yno'n llawen
Doedd yno neb yn brudd, neb yn brudd
O hogia' bach, doedd yno neb yn brudd.

'O Rhisiart' medde Morus
A 'Morus' medde Twm, medde Twm,
O hogia' bach, a Morus medda Twm.
"Well inni riffio'r hwylia'
Cyn dêl y tywydd trwm, tywydd trwm
O hogia' bach, cyn dêl y tywydd trwm."

O Twm Co Bach a Morus
Mae'n bygwth gwynt a glaw, gwynt a glaw
O hogia' bach, mae'n bygwth gwynt a glaw.
Daw'r cesig gwynion allan
A Twm yn ateb 'Taw!', ateb 'Taw!'
O hogia' bach, a Twm yn ateb 'Taw!'

Daw'r gwynt yn ôl i'r gogledd
Cawn eto dywydd teg, tywydd teg
O hogia' bach, cawn eto dywydd teg.
A bydd y llong yn cerdded
Ac asgwrn yn ei cheg
O hogia' bach, ac asgwrn yn ei cheg.

Mae hi'n fendigedig ar Lyn y Felin pan fydd yr haul yn dechrau machlud. Mae popeth mor llonydd, mor ddistaw. Ac mi fydd Jac ar adeg fel yma'n canu hwiangerdd plentyn bach y capten llong, ac mi dd'wedwn ninnau "Hwyl fawr i chi i gyd" am y tro, a brysiwch yn ôl i Gwm Rhyd-y-Rhosyn eto cyn bo hir.

Si Hei Lwli Mabi

Si hei lwli mabi, mae'r llong yn mynd i ffwrdd
Si hei lwli mabi, mae'r capten ar y bwrdd.
Si hei lwli, lwli lws, cysga, cysga mabi tlws
Si hei lwli mabi, mae'r llong yn mynd i ffwrdd.

Si hei lwli mabi, y gwynt o'r dwyrain chwyth
Si fy mabi lwli, mae'r wylan ar ei nyth.
Si hei lwli lwli lws, cysga, cysga mabi tlws
Si hei lwli mabi, y gwynt o'r dwyrain chwyth.

och chi 'rioed yn morio?
hill 1 traddodiadol; penillion 2, 3 a 4 Dafydd Iwan
dward Morus Jones

u Gi Bach
ldodiadol

Welais Jac y Do
ldodiadol

d am Dro i'r Coed
ydd Iwan

na ti yn Eistedd
ldodiadol

wer Fach Goch
vard Morus Jones

ryn y Bwn
ldodiadol

welais Long yn Hwylio
n Edward Morus Jones; Geiriau traddodiadol a Dafydd Iwan

vynog Coch Sy'n Cysgu
ldodiadol

nd Drot, Drot
hill 1 traddodiadol; penillion 2 a 3 Dafydd Iwan
dward Morus Jones

ralw
vard Morus Jones

ri Mae yr Asyn
ldodiadol

e Gen i Iâr a Cheiliog
ldodiadol

d am Dro Hyd y Llwybr Troed
ydd Iwan

e Gen i Het Dri Chornel
ldodiadol

vdl-da-da
ydd Iwan

m Wnaeth Got i Mi
ydd Iwan

no, Heno, Hen Blant Bach
ldodiadol

r Hwyaden Lew
n Phyllis Kinney; Geiriau penillion 1 a 4 Meredydd Evans,
illion 2 a 3 Dafydd Iwan ac Edward Morus Jones
Mudiad Ysgolion Meithrin

Gwcw
ldodiadol; Ceiriog

n am Dro i Frest-Pen-Coed
ldodiadol

Tŷ a Gardd
J Glyn Davies ©

Pedoli
Margaret a Huw Fôn Roberts

Migldi, Magldi
Traddodiadol, geiriau ychwanegol Llew Tegid

Daw Hyfryd Fis
Traddodiadol

I mewn i'r Arch â Nhw
Traddodiadol

Mynd i'r Ffair
J Glyn Davies ©

Darluniau
Rhys Jones ©; Leslie Harries ©

Ynys Sgogwm
J Glyn Davies ©

Cychod Wil Amêr
Traddodiadol

Hen Frân Fawr Ddu
Traddodiadol

Bwrw Glaw
J Glyn Davies ©

Neithiwr Cefais Freuddwyd Mawr
Traddodiadol, geiriau ychwanegol Dafydd Iwan
ac Edward Morus Jones

Mynd i Gysgu
Edward Morus Jones

A Wyddoch chi?
Alaw draddodiadol; Geiriau Edward Morus Jones

Bachgen Glân Wyf i
Tradd., trefn Dafydd Iwan, Hefin Elis, Edward Morus Jones

Ar Drot i'r Dre'
J Lloyd Williams © Hughes a'i Fab

Y Pren ar y Bryn
Tradd., trefn. Dafydd Iwan, Hefin Elis, Edward Morus Jones

Milgi Milgi
Tradd., trefn. Dafydd Iwan, Hefin Elis, Edward Morus Jones

Un Bys, Un Bawd yn Symud
Tradd., trefn. Dafydd Iwan, Hefin Elis, Edward Morus Jones

Deg o Adar Bach y To
Amy Parry-Williams ©; Mary Vaughan Jones ©

Mae Gen i Dipyn o Dŷ Bach Twt
Tradd., trefn. Dafydd Iwan, Hefin Elis, Edward Morus Jones

Cân y Cytseiniaid
Alaw draddodiadol; Geiriau Edward Morus Jones

Caradog y Cawr
Dafydd Iwan

Dyn Bach o Fangor
Tradd., trefn. Dafydd Iwan, Hefin Elis, Edward Morus Jones

Deryn o Bant yw'r Gwcw
Idwal Jones © Olwen Jones

Cân y Gofod
Dafydd Iwan

Owen Dau Funud
J Glyn Davies © Gwasg Gomer

Siôn Corn
J Glyn Davies © Gwasg Gomer

Fy Llong Fach Arian i
Islwyn Ffowc Ellis ©

Hen Fenyw Fach Cydweli
Tradd., trefn Dafydd Iwan, Gareth Hughes Jones, Edward Morus Jones

Cadi-Ha
Tradd., trefn Dafydd Iwan, Gareth Hughes Jones, Edward Morus Jones

Ji, Geffyl Bach
Tradd., trefn Dafydd Iwan, Gareth Hughes Jones, Edward Morus Jones

Draw Mae yr Asyn
Tradd., trefn. Dafydd Iwan

Iâr Fach Wen
Tradd., Dafydd Iwan, Gareth Hughes Jones, Edward Morus Jones

Tomi Puw
Tradd., trefn. Edward Morus Jones

Nant y Mynydd
Tradd., trefn. Dafydd Iwan, Gareth Hughes Jones, Edward Morus Jones;
Ceiriog

Oes Gafr Eto?
Tradd., trefn. Dafydd Iwan, Gareth Hughes Jones, Edward Morus Jones

Ble'r Ei Di?
Tradd., trefn. Dafydd Iwan, Gareth Hughes Jones, Edward Morus Jones

Y Ceiliog Dandi
Geraint Lloyd Owen ©

Pwsi Meri Mew
Tradd., trefn. Dafydd Iwan, Gareth Hughes Jones, Edward Morus Jones

Be Wnawn Ni?
Tradd., trefn. Edward Morus Jones

Dacw Mam yn Dŵad
Tradd., trefn. Dafydd Iwan, Gareth Hughes Jones, Edward Morus Jones

Tw-da-la
Tradd., trefn. Dafydd Iwan

Yn Harbwr Corc
Tradd., trefn. J Glyn Davies ©

Si Hei Lwli
Tradd., trefn. Dafydd Iwan, Gareth Hughes Jones, Edward Morus Jones